Räucher-Kräuter:
entspannende Düfte für
Ihr Wohlbefinden

Sylvia Winnewisser
Cornelia Schütt-Kaïnata

Räucher-Kräuter:

entspannende Düfte für Ihr Wohlbefinden

TRIAS

Die Deutsche Bibliothek – CIP-Einheitsaufnahme
Winnewisser, Sylvia:
Räucher-Kräuter : entspannende Düfte für Ihr Wohlbefinden / Sylvia Winnewisser ; Cornelia Schütt-Kaïnata. - Stuttgart : TRIAS, 1999
ISBN 3-89373-524-0

Dieses Buch wurde in der neuen deutschen Rechtschreibung verfasst.
Gedruckt auf chlorfrei gebleichtem Papier

Konzeption und Projektleitung: Werner Waldmann
Redaktion: Marion Zerbst
Korrektur: Karl Beer, Andrew Leslie
DTP: Dr. Katrin Beyer
Produktion: WZ Media, Stuttgart
Umschlaggestaltung: CYCLUS · Visuelle Kommunikation, Stuttgart
Druck: Westermann Druck, Zwickau
Fotos: Cover vorne und hinten: P. Thul; K. Susanne Berk Import (S. 8, 15, 16, 67, 90); Bildarchiv Preussischer Kulturbesitz (S. 57); Shoyeido Incense Company, Tokio (S. 77, 82), WZ Media (56)

Rüdigerstraße 14
D-70469 Stuttgart

ISBN 3-89373-524-0

Leserservice

Wenn Sie Fragen oder Anregungen zu diesem Buch haben, schreiben Sie uns an:

TRIAS Verlag
Postfach 30 11 07
D-70451 Stuttgart

oder schicken Sie eine E-Mail an:

trias.lektorat
@thieme.de

Inhalt

Eine Reise ins Land der Räucherdüfte	6
Die Kunst des Räucherns	9
Die Magie der Bäume: Räucherbräuche in Nord- und Mitteleuropa	25
Sinnliche Düfte aus Arabien, Ägypten und Mesopotamien	39
Räucher-Kräuter bei den Griechen und Römern	49
Räucherwerk aus dem Heiligen Land	55
Einheit mit der Natur: Räucherungen der Indianer, Mayas, Inkas und Azteken	63
Ein Erlebnis für alle Sinne: Räucherungen in China und Japan	73
Geheimnisvolle Düfte aus Indien und Tibet	89
Planeten- und Sternzeichenräucherungen	105
Überblick über die Räucherstoffe nach Wirkungen und Anwendungen	116
Bezugsadressen	127
Register	128

Eine Reise ins Land der Räucherdüfte

Das Räuchern ist einer der ältesten Bräuche der Menschheit. Wahrscheinlich entdeckten die Menschen schon vor Jahrtausenden, als sie abends am heimelig knisternden Lagerfeuer beieinander saßen, den unwiderstehlichen Zauber, der vom Räucherduft verschiedener Hölzer und Zweige ausgeht.

Im Lauf der Zeit wurde das Räuchern dann in den verschiedensten Kulturkreisen zu einer wahren Kunst weiterentwickelt. Man entdeckte immer mehr Pflanzen, deren Harze, Rinden, Blätter, Wurzeln oder Blüten sich zum Verräuchern eigneten, und gab sich dem Reiz der unterschiedlichen Düfte hin – mal betörend-süß und erotisch, mal würzig, mal herb und belebend. Man räucherte, um die Götter zu ehren, böse Geister fernzuhalten oder einfach nur, um den aufsteigenden Duft zu genießen. Bald entdeckte man auch die heilenden Wirkungen verschiedener Räucherstoffe auf Körper und Seele: So sind Räucherungen beispielsweise ein wichtiger Bestandteil der chinesischen, ayurvedischen und tibetischen Medizin.

Auch bei uns erfreut sich das Räuchern immer größerer Beliebtheit. Denn gerade in unserer hektischen Zeit möchte man gern einmal „aus dem Alltag aussteigen", entspannen, zu sich selbst finden. Schon allein die Tätigkeit des Räucherns, der Duft und die Beobachtung der aufsteigenden Rauchwolken lassen einen innerlich zur Ruhe kommen und abschalten, wirken angenehm entspannend und vermitteln ein Gefühl der Geborgenheit.

Daneben dienen Räucherwerke aber auch zahlreichen praktischen und heilenden Zwecken: Man kann damit Räume desinfizieren, die Luft reinigen, lästige Insekten ver-

scheuchen und zahlreiche Beschwerden und Krankheiten lindern. Außerdem gibt es Räucherwerke und -mischungen für die Meditation, zur Anregung der Kreativität, für die Traumarbeit, zur Lösung von Problemen, für sinnliche Stunden zu zweit, um den Kontakt mit der Natur oder seinen Mitmenschen zu verbessern und vieles andere mehr.

Dieses Buch entführt Sie auf eine Reise durch die Welt der Räucherdüfte, auf der Sie die interessantesten Räucherstoffe, -bräuche und -rituale verschiedenster Kulturkreise kennenlernen: von den sinnlichen Düften Ägyptens und Arabiens über indianische Visionsräucherungen und Schwitzhüttenzeremonien bis hin zu den Chakren- und Meditationsräucherungen der Inder und Tibeter. Die wichtigsten Räucherstoffe werden in ihrer Anwendung, in Duft und Wirkung detailliert vorgestellt. Außerdem erfahren Sie, wie man Planeten- und Sternzeichenräucherungen durchführt oder sich dem ästhetischen Zauber japanischer Duftspiele hingibt. Es wird genau beschrieben, wie man räuchert, was für Zubehör man dazu braucht und was man bei Einkauf und Lagerung von Räucherstoffen beachten sollte. Ein tabellarischer Überblick über die verschiedenen Räucherwerke nach ihren Wirkungen und Verwendungszwecken rundet das Buch ab. Viel Spaß auf Ihrer Reise ins Land der Düfte!

Die Kunst des Räucherns

Um ein Feuer zu sitzen, seine Wärme zu spüren und den Geruch einzuatmen, den das verbrennende Holz verbreitet, gehört sicher zu den angenehmsten Erfahrungen, die wir Menschen machen können, und zu den ältesten, die wir kennen. Denn mit der Fähigkeit, selbstständig ein Feuer zu unterhalten, die vor etwa 40 000 Jahren ausgebildet wurde, hatten unsere Vorfahren einen großen Entwicklungsschritt vollzogen. Bei solch einer Versammlung am Feuer entdeckten sie sicher auch die verschiedenen Gerüche, die von verschiedenen Hölzern und Zweigen ausgehen, und registrierten die unterschiedlichen Stimmungen, in die sie der Rauch versetzte. Später erkannte man dann auch die heilenden Wirkungen bestimmter Kräuter und Hölzer und setzte sie gegen Krankheiten, schlechte Stimmungen, böse Geister und vieles mehr ein. Man kann also mit gutem Gewissen sagen: Räuchern gehört zu den ältesten Praktiken der Menschheit überhaupt.

Da die Menschen früherer Zeit sehr viel feinere Sinne hatten als wir heute – ein guter Geruchssinn gehörte zum Überleben –, konnten sie den Duft, der mit dem Räuchern einherging, noch intensiver erleben und spüren, als wir uns das vorstellen können. Insofern hatten die Räucherstoffe großen Einfluss auf die Menschen – ihren Körper, ihre Seele und ihr Unterbewusstsein. Der Austausch Mensch–Pflanze konnte auf direktem und unverbildetem Weg stattfinden. Die Pflanzen teilten den Menschen ihr Wissen durch den Rauch mit und diese nahmen es dankbar an.

Wen wundert es da, dass bald manche Pflanzen bestimmten Göttern zugeordnet wurden, da man sich in ihrem Rauch plötzlich einer Gottheit sehr verbunden fühlte – und dass man anderen Pflanzen wiederum die Gabe zusprach, hellseherische Fähigkeiten zu verleihen. Man horchte in sich hinein, während man am Feuer saß, und spürte bald die ganz spezielle Kraft einer Pflanze: ob sie für Reinigungsräucherungen – des Körpers oder eines Raumes – geeignet war, für die Anrufung der Ahnen, zur Besänftigung böser Geister oder um negative Einflüsse zu harmonisieren;

ob sie die geistigen Kräfte oder bestimmte Organfunktionen stimulierte oder sexuell anregend wirkte. So entstanden Räucherzeremonien zu verschiedenen Zwecken und mit verschiedenen Räuchermischungen.

Viele Völkerstämme machten ähnliche Erfahrungen und nutzten die Kraft des Rauches; so verbreitete sich die Kunst des Räucherns auf der ganzen Welt. Zu den Zeiten der Hochkulturen in Ägypten, Mesopotamien, Griechenland und Rom waren Räucherkräuter wertvolle und begehrte Handelsobjekte. Fürsten und Könige, in deren Ländern Räucherstoffe wuchsen, konnten durch sie unschätzbare Reichtümer anhäufen. Die bekannte Weihrauchstraße war die wichtigste Handelsverbindung zwischen Afrika, Arabien und Europa. Auf ihr wurden Abertausende Tonnen von Weihrauch, Myrrhe und anderen Räucherstoffen transportiert.

Geräuchert wurde zu allen Tageszeiten und Gelegenheiten. Man reinigte sich mit Rauch, nutzte ihn zum Beduften von Körper und Kleidung, bereitete sich mit duftenden Kräutern auf Hochzeiten vor, bestattete die Verstorbenen mit einer Räucherzeremonie und gab ihnen wertvolle Kräuter für die Reise in eine andere Welt mit. Und man heilte die Menschen von körperlichen Krankheiten und seelischen Störungen, indem man die kranken Körperteile über den Rauch bestimmter Pflanzen hielt. Die gesamte griechische und römische Mythologie ist durchzogen von Geschichten, die berichten, welchen Göttern welcher Rauch geopfert wurde und mit welchem Rauch Seher das Orakel befragten. Auch in Asien gab es eine hoch entwickelte Kultur des Räucherns, die alle Sinne einbezog. In China wurde das Räuchern sehr schnell ein wichtiger Bestandteil der Medizin. Im indischen und tibetischen Raum gehören Räucherzeremonien heute immer noch zu vielen alltäglichen und religiösen Ritualen.

Die Indianerstämme Nord- und Mittelamerikas entwickelten eine eigene Räucherkultur, die sie noch heute praktizieren. In ganz speziellen Zeremonien beschwören sie die Geister ihrer Vorfahren und begeben sich auf den Weg zu den Wurzeln des Lebens. Ihre Visionssuchen stellen den Versuch dar, die verloren gegangene Einheit von Mensch, Tier und Pflanze und damit das Gleichgewicht auf der Erde wiederherzustellen. Tiere und Pflanzen sind ihnen Brüder und Schwestern.

Die heutige Bedeutung des Räucherns

Im Laufe der Jahrtausende ging das Wissen von der Kraft der Pflanzen verloren oder wurde nicht mehr beachtet. Fortschrittsgeist und technische Entwicklung widersprachen dem so einfachen und natürlichen Umgang mit der Natur. Doch nun, da die Zerstörung der Natur immer weiter voranschreitet und uns allmählich die Lebensgrundlage zu nehmen droht, wird diese Natur um so wichtiger für uns. Einige haben bereits erkannt, dass wir das „Wissen" der Natur nicht zerstören, sondern für uns nutzen sollten, um zu überleben. Dazu gehört auch das Wissen um die uralte Kunst des Räucherns.

Welchen Sinn haben Räucherungen heute? Sie helfen uns abzuschalten, Hektik und Stress zu vergessen und einmal unserer inneren Stimme zu lauschen. Mit dem Rauch steigen die Gedanken nach oben; aller Ballast wird abgeworfen, Sinne und Kräfte werden gereinigt und gestärkt und wir sind bereit, das Wesentliche zu erkennen, das in jedem von uns verborgen liegt.

Die Wirkung des Rauches lässt sich durchaus auch wissenschaftlich erklären. Denn die Duftmoleküle, die beim Räuchern aus der Pflanze „befreit" werden, gelangen über den Atem in den Körper, genauer gesagt, sie reizen die Riechzellen in der Nasenschleimhaut. Diese wiederum geben ihre Botschaft an das Gehirn weiter. Das Gehirn verteilt diese Botschaften auf die entsprechenden Bereiche im Hormonhaushalt und Nervensystem. So entstehen die Gefühle, Stimmungen und psychischen Befindlichkeiten, die das Räuchern in uns auslöst.

Welche Situationen sind es nun im Einzelnen, bei denen wir Räucherungen durchführen können oder sollten? Welche Wirkungen können wir damit erzielen?

Räucherungen können helfen:

- Gebete und Meditationsübungen zu unterstützen. Sie klären den Geist und wecken feinstoffliche Kräfte;
- die schöpferischen Kräfte in den Menschen anzuregen und bei künstlerischen Tätigkeiten Inspiration und Fantasie zu fördern;
- die Liebe zu einem anderen Menschen zu entfachen oder zu stärken. Die Duftstoffe bestimmter Pflanzen wirken stimulierend auf die Sexualität;
- Räume, Häuser, Krankenzimmer und öffentliche Gebäude zu reinigen. Räucherkräuter können helfen, negative Stimmungen und Gefühle zu neutralisieren oder Krankenräume zu desinfizieren. Ebenso können Gegenstände (Bilder, Edelsteine, Schmuck oder Möbelstücke) dadurch von belastenden Einflüssen gereinigt und mit positiven Energien neu „aufgeladen“ werden;

- den Körper und seine Lebenskräfte zu stabilisieren. Das heißt, der Rauch schenkt neue Kraft und neuen Mut und mobilisiert die Lebensgeister bei all denen, die im täglichen Lebenskampf müde, erschöpft und ein bisschen mutlos geworden sind;
- Störungen im inneren Gleichgewicht wie beispielsweise Nervosität, Unruhe, Stress, Angst und Anspannung zu beheben. Die Stoffe der Pflanzen wirken direkt auf die menschliche Seele und reinigen sie von allen krank machenden Energien. Mit dem Rauch verflüchtigen sich alle Spannungen, Sorgen und Probleme und es kehrt wieder Ruhe in die Psyche ein;
- persönliche Probleme oder Beziehungsprobleme mit Partnerin oder Partner zu lösen und Kontaktschwierigkeiten im Umgang mit anderen Menschen zu beheben;
- glücklicher und erfolgreicher zu werden;
- Schlafstörungen zu beseitigen. Die beruhigende Wirkung einiger Räucher-Kräuter besänftigt das aufgewühlte Gemüt und führt zu einem erholsamen Schlaf mit heilsamen Träumen;
- Krankheitsursachen und -symptome zu bekämpfen. Besonders bei Erkrankungen der Atemwege, Erkältungen, Schmerzen, Entzündungen und Gelenkbeschwerden kann der Rauch mancher Pflanzen sehr wirksam zur Heilung eingesetzt werden, sowohl bei Menschen als auch bei Tieren. Wo sie nicht heilen können, unterstützen die Räucherungen zumindest die Behandlung, indem sie Körper und Seele für die Wirkungen der Medikamente öffnen.

Welche Pflanzenteile können verräuchert werden?

Zum Räuchern eignen sich fast alle Pflanzenteile – natürlich nicht von jeder Pflanze. Bei Bäumen verwendet man besonders das durch Einritzen der Rinde austretende Harz, die Rinde selbst, manchmal auch Zweige, Nadeln oder Blätter. Bei Kräutern eignen sich Blätter, Blüten, Knospen, Jungtriebe oder sogar die Wurzeln zum Räuchern. Beim Wacholder zum Beispiel können auch die Beeren auf die Kohlen gelegt werden. Die Räucherstoffe werden meist getrocknet oder fein gemahlen bzw. zerrieben; Harze werden getrocknet und zu Kugeln oder Stangen geformt. Oftmals werden Kräuter verwendet, die sich auch zum Würzen von Speisen (zum Beispiel Zimt, Koriander, Lorbeer) oder zum Bereiten von Tees und Salben (Kamille, Lavendel, Thymian usw.) eignen. Andere Stoffe kennt man als Bestandteile von homöopathischen Heilmitteln, in denen sie ebenfalls ihre feinstofflichen Energien entfalten.

Was braucht man zum Räuchern?

Für das Gelingen einer Räucherung bedarf es neben den Räucherstoffen noch einiger Utensilien: Räucherkohle, Sand, ein Räuchergefäß, Streichhölzer oder Feuerzeug, Kerze, Pinzette, Löffel, Feder, Papier oder Fächer und einen Mörser.

Der Räucherstoff

Welchen Stoff Sie verwenden, hängt davon ab, welchem Zweck Ihre Räucherung dient. Um es einfach nur mal auszuprobieren, sind am besten angenehm duftende Räucherstoffe geeignet wie zum Beispiel Sandelholz, Mastix, Salbei, Weihrauch und Myrrhe.

Außer Harzen sind alle Räucherstoffe getrocknet. Harze können gummiartig zäh oder flüssig sein. Räuchermischungen werden oft in Pulverform angeboten.

Zum Einstieg ist es besser, nur einzelne Stoffe zu verräuchern, um ihre Düfte und Wirkungen kennen zu lernen. Nach und nach können Sie sich dann selbst für Ihre Bedürfnisse individuelle Räuchermischungen zusammenstellen.

Verschiedene Gefäße für Weihrauch. In diese so genannten Dhoop-Gefäße kann man die Kohle direkt auflegen und anzünden. Ansonsten ist die Prozedur etwas aufwendiger: Die Kohle kommt zuerst hochkant in das Gefäß und wird erst flach gelegt, wenn sie ordentlich durchgeglimmt ist.

Die Abbildung zeigt verschiedenartig gestaltete Halter für Räucherstäbchen und Räucherkegel. In der Regel handelt es sich bei dem Material um Stein oder Messing.

Räucherkohle

Räucherkohle wird benötigt, um die Räucherstoffe zu verbrennen. Im Handel sind Kohletabletten erhältlich, die in Rollen verpackt sind. Es gibt sie in unterschiedlichen Größen; für kurze Räucherungen sind die kleinen Größen ausreichend. Die Kohlen entwickeln nach dem Anzünden einen Eigengeruch; japanische Räucherkohlen verbrennen besser und ohne Geruch. Sie sind im Fachhandel (Adressen siehe Anhang) erhältlich, kosten allerdings etwas mehr.

Sollte die Räucherkohle einmal feucht geworden sein, kann sie an der Sonne oder im Backofen getrocknet werden.

Sand

Da die Räucherkohlen beim Glühen eine starke Hitze entwickeln, sollten sie in Sand gebettet liegen. Das schützt auch das Räuchergefäß vor Hitzeschäden. Welchen Sand Sie hierfür bevorzugen, bleibt Ihnen überlassen. Vogelsand, Spielkastensand oder Quarzsand sind ebenso geeignet wie Sand, den Sie vom letzten Urlaub mitgebracht haben. Rechnen Sie pro Räuchergefäß etwa eine Tasse Sand.

Die japanische Räucherkultur kennt statt Sand feine Asche als Einlage des Räuchergefäßes. Die Kohle verbrennt so zwar gleichmäßiger, jedoch kann durch Fächeln Asche aufgewirbelt werden und wird dann manchmal auch eingeatmet.

Räuchergefäß

In manchen Kulturen gibt es fein ausgeformte und geschnitzte Gefäße in Tiergestalt oder als kleiner Altar, mit Beinen oder in Form einer Muschel. Beine gehören an eine herkömmliche Räucherschale – so wird die Unterlage nicht zu sehr erhitzt. Drei Beine symbolisieren die Dreiheit von Körper, Geist und Seele.

Natürlich können Sie zum Räuchern auch eine einfache Schale verwenden, die aus Ton, Metall oder Porzellan hergestellt ist und die der Fachhandel anbietet, und sich irgendwann, wenn Sie am Räuchern Gefallen gefunden haben, ein Räuchergefäß nach Ihren Vorstellungen selbst töpfern oder herstellen lassen.

Das Gefäß sollte einen Mindestdurchmesser von 10 cm haben. Wenn es größer ist, schadet es nicht, ein kleineres ist dagegen unpraktisch.

Neben Räuchergefäßen, die mit Sand gefüllt werden müssen, gibt es auch Räucherstövchen, bei denen man weder Sand noch Kohlen braucht. Der Räucherstoff liegt hier in einer Metallschale – meist aus Kupfer – und wird von einem Teelicht erhitzt, das sich unter der Schale befindet. Wir kennen diese Konstruktion auch als Duftlampe für ätherische Öle oder einfach als Stövchen zum Warmhalten von Tee und Kaffee.

Feder, Papier oder Fächer

Wenn Sie die Kohle an einer brennenden Kerze angezündet haben, muss die Glut geschürt werden, Sauerstoff muss zugefächelt werden – Sie kennen es von der Grillkohle. Dazu eignet sich am allerbesten eine große Vogelfeder, zum Beispiel von einem Raubvogel, ein stärkeres Blatt Papier oder ein Fächer.

Pinzette

Eine Pinzette benötigen Sie, um die Räucherkohle an die Kerze zu halten und sie zu entzünden. Die Pinzette sollte möglichst lang sein; am besten, Sie besorgen sich eine aus der Apotheke oder dem Medizinfachhandel. Wenn Sie keine Pinzette haben, können Sie auch eine Zuckerzange verwenden. Im Räucherbedarf-Fachhandel werden Räucherbestecke angeboten, in denen Pinzette und Metallstäbchen enthalten sind (Adressen siehe Anhang).

Mörser

Fortgeschrittene Räucherer schätzen es, ihre Räuchermischungen selbst herzustellen und die benötigten Kräuter und Pflanzenteile auch selbst zu zerkleinern. So ist auf jeden Fall eine absolute Frische garantiert. Kaufen Sie also Ihre Räucherwaren ganz und unzerkleinert und mahlen bzw. pulverisieren Sie sie selbst. So vermeiden Sie auch die Gefahr, dass der Räucherstoff durch Streckmittel verunreinigt wurde.

Metalllöffel

Für eine gute Räucherung müssen die Räucherwaren dosiert werden, besonders bei Räuchermischungen. Hierfür eignet sich am besten ein langstieliger Metalllöffel. Mit ihm können Sie auch mühelos zähflüssige Harze aus den Gefäßen holen und auf die Kohle legen und nach dem Räuchern die Reste des Räucherstoffs von der Kohle entfernen. Der Fachhandel bietet auch hierfür besondere Löffel an – lassen Sie sich beraten.

Wo kauft man die Räucherstoffe ein?

Um sicher zu sein, dass Sie eine gute Qualität bekommen, sollten Sie sich die Stoffe im Fachhandel besorgen. Im Anhang finden Sie die entsprechenden Adressen. Darüber hinaus gibt es Duftstoffe in Apotheken, Drogerien, Reformhäusern und Naturkostläden.

Nutzen Sie beim Einkauf die Hinweise, die bei den Beschreibungen der Räucherstoffe in diesem Buch gegeben werden. So gehen Sie sicher, dass Farbe, Geruch und Beschaffenheit stimmen. Besondere Sorgfalt ist

Räucherware, die zu Spiralen gepresst ist, kommt aus China. Man hängt die Spiralen an der Decke auf, wo sie – je nach Größe – viele Stunden brennen.

Vorbereitung aufs Räuchern

Die erste Vorbereitung eines Räucherrituals findet sicherlich im Kopf statt. Hier entscheiden Sie, wo, wann, wie und warum Sie es durchführen wollen:

- *Möchten Sie im Freien oder drinnen räuchern, gemeinsam mit Freunden oder ganz für sich allein?*
- *Möchten Sie nur kurz ein Räucherstäbchen anzünden und sich bei einer Meditationsübung entspannen,*
- *oder wollen Sie am Abend vor dem Schlafengehen räuchern?*
- *Haben Sie ein Problem, das Sie in Ruhe bei einem Räucherritual überdenken wollen? Oder quält Sie eine Frage, die Sie dem aufsteigenden Rauch mitgeben möchten?*

Zum Räuchern sollten Sie einen Ort wählen, an dem Sie sich absolut wohl fühlen und für einige Zeit ungestört sein können. Gestalten Sie Ihre Räucherecke ganz nach Ihren Vorstellungen; vielleicht möchten Sie einen kleinen Altar errichten, auf dem Sie räuchern. Vor allen Dingen sollten Sie sich für die Räucherung Zeit nehmen. Zur Einstimmung kann langsame, atmosphärische Musik helfen; oder vielleicht mögen Sie lieber einfach der Stille lauschen und Ihre Sinne so vorbereiten. Legen Sie sich vorher alle Utensilien zurecht, die Sie für die Räucherung benötigen:

- *Räucherwerk*
- *Räucherkohle*
- *Sand*
- *Räuchergefäß oder -stövchen*
- *Kerze und Feuerzeug oder Streichhölzer*
- *Pinzette und Löffel*
- *Feder oder Fächer.*

Sobald alles bereitliegt und das Räuchergefäß mit Sand gefüllt ist, kann die Räucherung beginnen.

Wie man ein Räucherritual gestaltet

- *Zünden Sie die Kerze an und nehmen Sie die Räucherkohle mit der Pinzette auf.*
- *Entzünden Sie die Kohle an der Kerze oder mit dem Feuerzeug an einer Seite, bis sie glüht. Legen Sie die Kohle dann auf den Sand im Räuchergefäß. Dieses sollte auf einem hitzebeständigen Untergrund stehen. (Wenn Sie ein Stövchen verwenden, entfällt das Anzünden der Kerze und der Kohle. Dann brauchen Sie auch keinen Sand.)*
- *Nun fächeln Sie mit Feder, Papier oder Fächer Luft auf die Kohle, bis sie gut glüht. Achten Sie darauf, dass keine brennbaren Gegenstände in der Nähe sind und dass kein Luftzug herrscht, der Funken übertragen kann.*
- *Nehmen Sie eine kleine Menge Räucherpulver mit dem Löffel aus dem Gefäß oder Mörser und legen Sie es in die Vertiefung der Kohle. Mit Harz- bzw. Balsamkugeln verfahren Sie genauso.*
- *Verwenden Sie nur so viel Räucherware, dass die Glut der Kohle nicht ausgeht. Sie können Räucherwerk nachlegen. Die Kohlen glühen bis zu zwei Stunden.*
- *Zuletzt begeben Sie sich in eine bequeme Sitzhaltung oder legen sich hin und lassen den Rauch und den Duft des Räucherwerks auf sich wirken. Sie bestimmen selbst, wann Sie die Räucherung beenden.*
- *Löschen Sie noch glühende Kohle mit Wasser (Sie können sie nochmals verwenden) oder lassen Sie sie unter Aufsicht ausglühen.*
- *Räucherstäbchen kann man in den Sand des Räuchergefäßes oder in einen speziellen Räucherstäbchenhalter stecken und anzünden. Räucherkegel werden auf einen Metallteller gestellt und angezündet.*

bei Räuchermischungen geboten. Es kann vorkommen, dass die Mischungen verunreinigt sind und gesundheitsschädliche Zusätze enthalten. Wurden minderwertige Kräuter verwendet, werden zuweilen Duftstoffe und -öle zugefügt, um den Geruch zu verbessern. Hier gehen Sie sicher, wenn Sie sich Ihre Räuchermischung selbst zusammenstellen. Lassen Sie sich auf keinen Fall zum Kauf von synthetischen Räucherstoffen verleiten. Auch sie sind oft gesundheitsschädlich und entwickeln längst nicht die intensive Wirkung natürlicher Räucherstoffe.

Welche Arten von Räucherwaren gibt es?

Neben den „offenen" Räucherwaren – also Harzen, Blättern, Blüten usw. – gibt es Räucherwerk sozusagen in gebundener Form als Räucherstäbchen, -kegel oder in Spiralform. Räucherstäbchen sind dabei die einfachste Art des Räucherns, die in den Siebzigerjahren auch in Europa Anklang fand. Ein Räucherstäbchen wird, nachdem es angezündet und zum Glühen gebracht wurde, in einen Stäbchenhalter oder in Sand gesteckt; dann brennt es langsam ab, ohne dass man sich darum kümmern muss. Stäbchen sind besonders geeignet für Gebets- oder Meditationsübungen. Es können mehrere Räucherstäbchen auf einmal abgebrannt werden, jedoch sollte es immer eine ungerade Zahl sein. Die Länge des Stäbchens bestimmt die Brenndauer. Es gibt Stäbchen für viele verschiedene Räucherzwecke. Für das Räuchern im Freien findet man Räucherstäbchen mit Stützhölzern im Inneren, die allerdings beim Verbrennen stark rauchen. Räucherungen in geschlossenen Räumen sollten mit Räucherstäbchen ohne Stützhölzer durchgeführt werden.

Qualitativ sind japanische und chinesische Räucherstäbchen die besten; indische sind meist von minderer Qualität, weil stark synthetisiert.

Zur Weihnachtszeit werden überall Räuchermännchen mit 3 bis 4 cm hohen Räucherkegeln angeboten, die man in solch eine Räucherfigur zum Abbrennen hineinstellt. Es gibt sie in den unterschiedlichsten Duftvariationen, sie brennen 10 bis 15 Minuten. Da auch diese Kegel oft künstliche Zusatzstoffe enthalten, kann man sie besser selbst herstellen: Die Zutaten (stellen Sie sich eine Mischung nach Ihrem Geschmack zusammen) werden im Mörser fein pulverisiert. Dann nehmen Sie die doppelte Menge Gummiarabicum-Pulver und lösen es in Wasser auf. Lassen Sie das Ganze drei Stunden stehen, bis ein zähflüssiger Brei entstanden ist. In diesen wird das Räucherpulver hineingerührt und zu einer knetbaren Masse verarbeitet. Formen Sie aus der Masse kleine Kegel und trocknen Sie sie – fertig sind die eigenen Duftkegel.

Ebenfalls zu empfehlen sind Räucherspiralen, die aus China kommen. Hierfür werden die Räucherwaren in Spiralform gepresst. Man kann sie gut im Freien (an einem Baum aufgehängt) abbrennen lassen, aber auch in geschlossenen Räumen an der Decke befestigen. Sie brennen bis zu 36 Stunden. Im Fachhandel werden Spiralenhalter angeboten.

Am besten bewahren Sie die Räucherstoffe in den Behältern auf, in denen sie verkauft werden. Meist sind es dunkle, luftdicht verschließbare Gläser. Diese lagern Sie trocken, dunkel und stets gut verschlossen. Sonnenlicht- und Sauerstoffeinwirkung schaden der Qualität des Räucherwerks. Lagern Sie die Stoffe nicht zu lange, mit der Zeit verlieren sie an Aroma. Besser stets kleine Mengen kaufen und öfter frischen Nachschub besorgen!

Räucherkohle sollte ebenfalls luftdicht verschlossen aufbewahrt werden, zum Beispiel in einem Gefäß oder gut eingepackt in Aluminiumfolie. Alle übrigen Räuchergegenstände bewahren Sie am besten in der Nähe des Ortes auf, an dem Sie räuchern, vielleicht in einer Kommode oder Schublade.

Die Magie der Bäume: Räucherbräuche in Nord- und Mitteleuropa

Die Stämme der Kelten bauten während des 5. bis 3. vorchristlichen Jahrhunderts ein Großreich in Europa auf und waren damit etwa zwei Jahrhunderte lang das bedeutendste Volk Europas. Die ersten geschichtlichen Nachweise dieses ursprünglich indogermanischen Volkes führen in das Jahrhundert v. Chr. und in die heutigen Gebiete von Böhmen und Bayern. Später ließen die Kelten sich in Gallien und vor allem Britannien nieder.

Auf ihrem Weg durch Europa durchquerten sie große, fast undurchdringliche Waldgebiete und lernten dabei die Kraft und Magie der Bäume und Pflanzen kennen. Alsbald machten sie den Baum zu ihrem religiösen Sinnbild, denn diese in der Erde verwurzelte und zum Himmel strebende Pflanze war für die Kelten das Sinnbild des Lebens. Mystische Versammlungen und religiöse Zeremonien hielten sie unter Bäumen ab. Noch heute kennen wir das keltische Baumhoroskop und den Baumkalender, der auf Namen und Eigenschaften der Bäume aufgebaut ist.

Das Erleben der unterschiedlichen Jahreszeiten mit den Veränderungen in der Vegetation und dem Wechsel des Klimas besonders in Nordeuropa hat sicher dazu beigetragen, dass die Menschen ein besonderes mythisches Verhältnis zur Natur entwickelten und in ihren Pflanzen göttliche Wesen vermuteten.

Keltische Räucherbräuche

Auf dem Gebiet der Pflanzen und ihrer heilkundigen Kräfte waren die keltischen Gelehrten sehr bewandert. Die Natur und alle Pflanzen galten als beseelte Wesen, die den Menschen ihr Wissen und ihre Kräfte zur Verfügung stellen können, wenn man mit ihnen in Verbindung tritt. Elfen,

Feen, Geister, Gnome und Nixen hießen die Naturgeschöpfe und guten Geister der Kelten, die bis heute in unseren Märchen und Sagen lebendig geblieben sind – vielleicht stammt auch der kleine Zwerg mit Zipfelmütze und Spaten, der sich in deutschen Gärten immer noch großer Beliebtheit erfreut, aus dieser Tradition.

Die Priester und Priesterinnen der Kelten – die Druiden – waren diejenigen, die mit den Pflanzen in Verbindung traten und ihnen ihre Botschaften entlockten. Während der Räucherungen wurden diese Weisheiten der Natur, die den Menschen helfen sollten, in Harmonie mit den Naturkräften zu leben, mit dem Rauch freigesetzt und den Menschen zugänglich gemacht. Das Wort Druide stammt aus dem Altirischen und bedeutet so viel wie „Weiser, Gelehrter". In diesem Sinne übten die Druiden eine Gelehrten-, Mediziner- und Richterfunktion bei den Kelten aus. Sie waren sternenkundig und konnten weissagen; auch die Kunst der Heilkunde beherrschten sie. Sie befragten die Runenorakel und verkehrten während ihrer Träume in der Welt der Elfen, Feen und Naturgeister, zu denen sie über Räucherkräuter und Pflanzensäfte Zugang fanden.

Die Räucherungen und Gottesdienste fanden meist auf einer offenen Feuerstelle statt, oftmals inmitten von Hainen oder in urzeitlichen Steinmonumenten, die sich durch eine besondere Bauweise und Ausrichtung nach dem Sonnenstand auszeichneten. Nachdem die Kelten sesshaft geworden waren und in größeren Gruppen in Gehöften zusammenlebten, führte der Druide die Räucherungen auf dem Hausaltar durch, der zu jeder Ansiedlung gehörte, und hielt so die Verbindung der Menschen zu den kosmischen Kräften aufrecht. Auch die Kochstelle wurde durch Pflanzenrauch geweiht und täglich gereinigt.

Den Toten wurden für ihre Reise ins Jenseits Tongefäße mit duftenden Hölzern, Harzen und Weihrauch mitgegeben. Letzteren haben die Kelten wohl durch die Römer, Etrusker und Griechen kennen gelernt, denen sie

Die Wintersonnenwende stellte für die Kelten eine ganz besondere Zeit im Ablauf des Jahres dar. Der Winter macht depressiv, und so ist eine Reinigung nötig. Mit dem Duft der Räucherung hoffte man neue kosmische Harmonie zurückzugewinnen.

auf ihren Eroberungszügen begegneten. Viele Kelten gehörten der Gefolgsschar Alexanders des Großen an und nahmen an seinen Beutezügen nach Persien teil. Von dort kamen sie mit großen Mengen an Weihrauch und Myrrhe zurück.

Lebendige Räucherzeremonien

Es ist nicht einfach, in der heutigen Zeit noch alte Räuchertraditionen aufzuspüren, die aus keltischer Zeit bis in unsere Tage überlebt haben. Einer dieser Bräuche ist jedoch verbürgt: Das Räuchern während der zwölf Lostage um die Wintersonnenwende herum, genauer gesagt in der Zeit zwischen Weihnachten und dem 6. Januar. Dazu muss man sehr weit in die Gebirgs- und Alpenwelt und zu Menschen vordringen, die auch heute noch mit der Natur leben und ihre Gesetze respektieren. In den Bergen Österreichs, Deutschlands und der Schweiz gibt es noch solche lebendigen Räucherzeremonien, vor allem in der katholischen Bevölkerung.

Die Wintersonnenwende stellte für die Kelten eine bedeutende Zeit im Jahresrhythmus dar. Für sie begann das natürliche Jahr zu dieser Zeit, am 21. Dezember, wenn der Tiefstpunkt der Erdbahn um die Sonne erreicht, die längste Nacht vorüber ist und die Tage wieder länger werden. Eine Zeit des Umbruchs, die noch heute für viele Menschen Probleme mit sich bringen kann. Denn um diese Zeit herum werden erfahrungsgemäß sehr viele Menschen krank, leiden an Depressionen und psychischen Störungen. Viele alte Menschen sterben in der Zeit des Jahreswechsels. Nicht nur die Natur stellt sich um, auch die innere Uhr des Menschen. Das Unterbewusstsein meldet sich in den Träumen während der zwölf Nächte. Die Alpenbewohner glauben noch heute, dass die Trauminhalte mit den kommenden zwölf Monaten in Verbindung stehen.

Bei den Kelten wurde während dieser so genannten Lostage gefastet, um den Zweck des Räucherns – die Reinigung – zu verstärken, den Körper noch aufnahmefähiger für die Kraft der Räucherkräuter zu machen und eine größere Harmonie mit den kosmischen Elementen zu erreichen.

Die Bergmenschen praktizieren die Reinigungszeremonien, indem sie in Haus und Stall Räucherungen vornehmen, vor allem mit Weihrauch und Wacholder. Die dafür verwendeten Räucherpfannen sind aus Eisen; im Deckel befinden sich mehrere Löcher.

Als Grundlage für das Feuer diente früher der Zunderpilz, der den Vorteil hat, dass er getrocknet lange glüht, ohne Funken zu entwickeln. Das Räucherwerk wird über die Glut gelegt, die Pfanne mit dem Deckel bedeckt, und so schreitet man durch die einzelnen Räume und verbreitet den Rauch.

Wir kennen diese Zeremonie aus der katholischen Kirche, wenn vor dem Gottesdienst die Weihrauchpfännchen geschwenkt werden.

Die beliebtesten Räucherhölzer, -kräuter und -harze

In der Frühzeit der Menschheit war Europa noch fast vollständig mit Wald bedeckt, sodass es für die Menschen damals ein Leichtes war, sich mit Harzen zu versorgen. Durch ihr intensives Verhältnis zur Natur kannten sie auch die Kräfte der Bäume und die heilende Wirkung ihrer Harze. Sie bevorzugten das Harz der Nadelbäume, da diese harzreicher sind als Laubbäume. Sie wussten, dass besonders die Harze der Nadelbäume desinfizierend und wundheilend wirken, denn der Baum selbst nutzt sein Harz hierfür. Er produziert Harz dann, wenn er Schädigungen an der Rinde „heilen“ muss. Was für die Bäume gut ist, kann auch den Menschen nicht schaden, denn beide sind in der Mythologie der Vorfahren beseelte Wesen.

So wurden Harzsalben zur Wundheilung hergestellt, die heute noch in der Tiermedizin verwendet werden. Wir kennen aber auch Öle und Extrakte aus Nadelbäumen zur Behandlung von geschwollenen Beinen, bei Rheuma und Arthritis. Wenn Sie nun Harz selbst sammeln wollen, um es im heimischen Kamin zu verräuchern, ist dafür die heißeste Zeit des Sommers am besten geeignet, wenn das Harz nur wenig Wasser enthält.

Das Harz müssen Sie von der Rinde abkratzen und dann vorsichtig in Folie verpacken. Allerdings sollten die Harze anschließend noch getrocknet werden, bevor sie auf der glühenden Kohle landen. Je länger man sie trocknet, desto würziger und intensiver riecht ihr Duft. Experten trocknen sie daher fast ein Jahr lang. Beim Verbrennen von Naturharz entsteht übrigens sehr viel Rauch, Sie brauchen also am besten einen Kamin mit gutem Abzug oder Sie räuchern besser gleich im Freien.

Fichte (Picea abies, Rotfichte)

Fichtenharz duftet intensiv und wirkt keimtötend, daher wurden damals wie heute Fichtenharz-Räucherungen zu medizinischen und reinigenden Zwecken durchgeführt. Der Fichtenharz-Rauch soll die Luft in den Räumen reinigen und schlechte Einflüsse von den Menschen fern halten. Von der Fichtenharz-Räucherung erhofft man sich innere Ruhe und Frieden. Kranken empfiehlt man Fichtenharzrauch bei verschleimten Lungen, gegen Ausschläge und bei Rheuma.

Bezugsquellen: La Florina, Fred Wollner

Abbildung rechts: Picea abies, die Rotfichte

Kiefer (Pinus silvestris, Pinus montana, Pinus cembra; Waldkiefer, Bergkiefer, Zirbelkiefer)

Als Räucherwerk verwendet man heute vorwiegend geraspelte oder pulverisierte Rinde. Man spricht dem Kiefernharz-Rauch herzstärkende Kräfte zu. Auch zur Kräftigung der Lungen wird er inhaliert. Seine aufbauende und durchblutungsfördernde Wirkung soll schwächlichen Menschen zu neuer Kraft und Energie verhelfen. Außerdem hat Kiefernharz-Rauch eine reinigende Wirkung.

Bezugsquelle: Kiefernrinde ist nicht im Handel erhältlich. Sie können sie durch Pinie (erhältlich bei Berk Esoterik) ersetzen oder selbst sammeln.

Lärche (Larix decidua)

Unsere Vorfahren verbanden mit diesem Baum Erneuerung, Wachstum, Glück und Wohlstand und veranstalteten Lärchenharz-Räucherungen besonders zu Zeiten eines Neubeginns und um das Glück anzuziehen. Der Sage nach sollen sich bei den Lärchen die guten Feen und Geister, die Elfen des Waldes aufgehalten haben und den Menschen bei Bedarf zu Hilfe gekommen sein. Durch die Räucherungen mit Lärchenharz wurden sie empfänglicher für die Begegnung mit den Waldgeistern.

Bezugsquelle: siehe „Kiefer“

Tanne (Abies alba)

Mit der Tanne verbinden wir heute vielleicht noch am meisten, denn in Form des geschmückten Weihnachtsbaumes halten wir eine alte Tradition aufrecht, die wir bereits aus den Alpen und den zwölf Rauchnächten kennen gelernt haben. Der Tannenbaum wurde ins Haus geholt zum Schutz vor bösen Geistern und schlechten Gedanken, die um die Jahreswende herum die Menschen befallen, und später zur Reinigung des Hau-

Abbildung rechts: Pinus mugo, die Latschenkiefer

ses verbrannt. Auch Germanen und Kelten sahen in der Tanne einen Baum, der ihnen Schutz vor Dämonen bot. Die körperlichen Kräfte sollte der Tannenharz-Rauch stärken, die Seele reinigen und ermutigen und neue Energien bringen.

Bezugsquelle: nicht im Handel erhältlich; Empfehlung: selbst sammeln.

Wacholder (Juniperus communis)

Wacholderharz ist eher selten, denn der Baum sondert nicht viel ab. Umso mehr pries man in früherer Zeit seine magische Wirkung und verehrte den Wacholderbaum als heilig. Wacholderharz-Räucherungen sollten den Teufel samt böser Gedanken vertreiben und den Menschen neue Lebenskraft schenken. Er reinigt die Sinne und macht sie „wach" für neues Erleben. Mit Wacholderharz geräucherte Räume erhalten starke Energien, die auf die Menschen übergehen. Da Wacholderharz-Rauch sehr desinfizierend wirkt, verbreitet man ihn auch in Krankenzimmern, um Ansteckungen zu vermeiden. Im Mittelalter wurden während der Pestepidemien in den Städten Wacholderfeuer entfacht. Schon in der Heilkunde des 19. Jahrhunderts galt der Rauch von Wacholderholz und -beeren als wirksam bei Rheuma. Für eine Räucherung mit Wacholder kann man die Beeren sowie Fichtenharz oder getrockneten Salbei dazugeben.

Bezugsquellen: Fred Wollner, La Florina, Secret Emotion Kosmetik

Burgunderharz (Resina pini burgundica)

Burgunderharz wird aus dem Harz der Rottannen gewonnen, aber auch aus Pinienharz hergestellt. Dazu wird das gelbe Harz geschmolzen und in besonderen Behältern gehärtet. Das Harz entwickelt beim Räuchern einen sehr kräftigen, frischen Geruch und wirkt entsprechend kräftigend und aufbauend auf Körper und Geist.

Bezugsquellen: Berk Esoterik, La Florina

Abbildung links: Juniperus communis, der Wacholder

Alant (Inula helenium)

Dieses Heilkraut stammt eigentlich aus Asien, wurde aber wahrscheinlich durch die Kelten nach Europa gebracht und gehört hier zu den ältesten Heilpflanzen. Im Mittelalter trug man Alant zum Schutz vor Hexen und Dämonen um den Hals und bereitete aus dem Kraut einen Heilwein, der bei Atemwegserkrankungen empfohlen wurde, besonders bei Bronchialkatarrh und Tuberkulose. Räucherungen mit Alant werden im Winter zum Schutz gegen seelische Krankheiten durchgeführt. Depressionen, Traurigkeit und Melancholie hilft Alant zu vertreiben.

Bezugsquelle: Gewürzhandlungen und Apotheken

Beifuß (Artemisia vulgaris)

Diesem Kraut wird bei Räucherungen eine stark reinigende Wirkung nachgesagt, die vor allem helfen soll, alten Ballast abzuwerfen und sich auf neue Lebenssituationen einzustellen. In Krisenzeiten, die wichtige Entscheidungen fordern, soll Beifuß helfen, Zugang zu seinem eigenen Unterbewusstsein zu erlangen.

Bezugsquellen: Kräuterfachhandel

Eisenkraut (Verbena officinalis)

Die Druiden der Kelten benutzten dieses Kraut zum Wahrsagen und um Wahrträume zu erhalten. Später schrieb man ihm eine liebessteigernde Wirkung zu und wandte es auch gegen Angst und Mutlosigkeit an. Waffen wurden mit Eisenkraut eingerieben und Neugeborene darin gebadet, um sie „eisenhart“ zu machen. Beim Räuchern entwickelt Eisenkraut einen frischen, zitronigen Geruch, der entspannend und wärmend wirkt und zu gutem Schlaf verhilft.

Bezugsquelle: La Florina

Abbildung links: Verbena officinalis, das Eisenkraut

Sinnliche Düfte aus Arabien, Ägypten und Mesopotamien

In Arabien – dem sagenumwobenen Land von Tausendundeiner Nacht – befinden wir uns in der Heimat der Düfte. Hier wuchsen bereits vor 3000 Jahren die besten Weihrauchbäume der Welt, außerdem Myrrhe und Zimt. Arabien war ein reiches Land; der Export von Weihrauch und Myrrhe verlief über die Weihrauchstraße 3500 Kilometer von Marib, der Hauptstadt des Sabäerreiches, durch Wüstengebiet bis zum Mittelmeer, wo die kostbaren Duftstoffe in alle Welt verschifft wurden. Gebieterin über all diesen Reichtum war Belakis, die legendäre Königin von Saba. Durch geschickte Verhandlungen mit dem biblischen König Salomon und den ägyptischen Herrschern festigte sie ihr Weltreich und ihren Ruhm als Herrscherin über die Düfte.

Heute umgibt man sich in den arabischen Ländern mit schweren Düften und Räuchermischungen, die meist Sandelholz, Benzoe, Zimt, Ambra oder Moschus als süße Komponente enthalten. Mit ihnen begegnet man dem „bösen Blick", gestaltet wichtige familiäre Ereignisse und begleitet Gebetszeremonien. Besonders in der Fastenzeit Ramadan werden in moslemischen Gebieten Weihrauchmischungen verräuchert, die die Geister besänftigen und negative Einflüsse abhalten sollen.

Die Ägypter betrieben eifrigen Handel mit Arabien, vor allem, um von ihnen die kostbaren Räucherstoffe Weihrauch und Myrrhe zu bekommen. Offensichtlich wuchsen die begehrten Stoffe im Land am Nil nicht, obwohl man wohl versuchte, Setzlinge von Myrrhensträuchern und Weihrauchbäumen anzupflanzen. Diese hatte die Königin Hatschepsut von einer Expedition aus dem legendären Land Punt mitbringen lassen. Punt vermutet man an der südarabischen Küste, wahrscheinlich im Gebiet des heutigen Eritrea. Doch die Setzlinge schienen nicht für das ägyptische Klima geeignet gewesen zu sein, jedenfalls hat man keine Hinweise auf solche Bäume gefunden. Doch klar ist, dass die Menschen um

1500 v. Chr. den sinnlichen Düften sehr zugetan waren. In den Straßen Kairos roch es nach Zeder, Weihrauch und Myrrhe, sagen die alten Handschriften. Düfte wurden im täglichen Leben zu allen Gelegenheiten eingesetzt. Die einfachen Menschen räucherten die einheimischen Hölzer und Harze; nur die Reichen konnten sich Weihrauch und Myrrhe, die wegen der langen Einfuhrwege sehr teuer waren, leisten.

Räucherungen zu Ehren der Götter

Für die Ägypter waren alle Dufthölzer eine Gabe der Götter und wurden auch ihnen zu Ehren verbrannt. Man war der Meinung, dass die göttliche Stärke sich von den Duftstoffen auf die Menschen übertrage, wenn diese den Rauch einatmeten. Daher setzte man die Düfte auch zu medizinischen Zwecken ein.

Dem Sonnengott Ra wurde dreimal täglich geräuchert: bei Sonnenaufgang, zur Mittagszeit und bei Sonnenuntergang. Abends verräucherte man die bekannte ägyptische Räuchermischung Kyphi, deren Zusammen-

setzung nicht mehr ganz nachvollziehbar ist. Auf jeden Fall waren Weihrauch, Myrrhe, Mastix, Benzoe, Zimt, Sandelholz, Kalmus und Wacholder enthalten. Dazu kamen Korinthen und Rotwein. Leider ist auch das Mischungsverhältnis nicht genau überliefert. In den Tempeln wurde die Kyphi-Mischung in Kugelform gepresst und in speziellen Bereichen und besonderen Räucherpfannen angezündet. Bei besonderen Anlässen räucherte der Pharao persönlich. Kyphi sollte die Götter gnädig stimmen, die Sorgen des Tages verscheuchen und den Menschen Entspannung, Ruhe, Frieden und einen gesunden Schlaf schenken.

Die Duftstoffe wurden aber nicht nur zum Räuchern verwendet, sondern auch zu kostbaren Salben und Ölen verarbeitet. In dieser Form nutzten sie vor allem die Königinnen für die tägliche Schönheitspflege und die Einbalsamierer zum Konservieren der Mumien. Als der Archäologe Howard Carter 1922 das Grab Tutanchamuns fand und öffnete, enthielt es auch Gefäße mit Salben und Duftölen, die man dem toten König ins Jenseits mitgegeben hatte. Die Stoffe entfalteten nach dem Öffnen ihren angenehmen Geruch, den sie auch nach fast 3500 Jahren noch nicht verloren hatten. Die beliebtesten Räucherstoffe im alten Ägypten waren neben Weihrauch und Myrrhe Opopanax, Benzoe, Zimt, Labdanum, Styrax, Zeder, Kalmus, Koriander, Wacholder, Thuja und Bilsenkraut.

Mesopotamien – die Wiege unserer Zivilisation

In Mesopotamien – dem Land zwischen den zwei großen Strömen Euphrat und Tigris, dem heutigen Kleinasien – siedelte man zu Urzeiten das Paradies an, inspiriert durch die Schönheit und Fruchtbarkeit der Landschaft. Große Kulturreiche entwickelten sich dort: Hethiter, Sumerer, Assyrer, Babylonier. Heute zeugen nur noch Ruinen vom einstigen Reichtum der großen Städte, den Rest überdecken karge, sandige Gestrüppfelder. Doch dort in den frühen Hochkulturen stand die Wiege unserer heutigen Zivilisation. Astronomie, Astrologie und Mathematik sind Disziplinen, die im Sumererreich entwickelt wurden. Das reiche Zweistromland erhielt seine Räucherwaren teilweise über die Weihrauchstraße aus Arabien; viele der duftenden Hölzer und Harze wuchsen jedoch im eigenen Land. Babylon und andere Städte, die verkehrsgünstig an den Durchgangsstraßen lagen oder bewusst an solchen Orten gegründet wurden, wo die Karawanen vorbeikamen, waren wichtige Umschlagplätze für Räucherwaren. In alten Schriften ist von 200 verschiedenen Räucherstoffen die Rede, mit denen man handelte.

Natürlich gab es bevorzugte Düfte, die auch die Götter besonders mochten. In Mesopotamien gab es sieben davon. Vor allem die Libanonzeder war ein sehr geschätzter Stoff. Großer Beliebtheit erfreuten sich außerdem Zypresse, Styrax, Galbanum und Labdanum.

Geräuchert wurde zur damaligen Zeit großzügig und verschwenderisch; allein zu Ehren des Gottes Baal-Marduk wurden jährlich über 25 Tonnen Weihrauch verräuchert. Auch die Götter der Unterwelt wurden bedacht; da sie aber mehr die unangenehmen Gerüche mochten, versuchte man sie mit den Wohlgerüchen abzuschrecken. Darüber hinaus erfreuten sich die Menschen auch in ihrem täglichen Leben an den Düften verräucherter Pflanzen. Wohnungen und Kleidungsstücke wurden „beduftet“; bei Festen war es üblich, Räucherschalen aufzustellen, um die Anwesenden in gute Stimmung zu versetzen. Wie bei den keltischen Räucherbräuchen in Europa verband man im hoch entwickelten Zweistromland mit den Räucherstoffen eine kosmische Energie, die bei den Räucherungen auf die Menschen übergeht und sie mit den Energiezentren außerhalb unseres Planeten verbindet.

Die beliebtesten Räucherhölzer, -kräuter und -harze

Opopanax, süße Myrrhe (Opopanax chironium Koch; Commiphora erythrea)

Dieses Räucherharz finden wir heute nicht mehr in seiner ursprünglichen Form – beim echten Opopanax handelte es sich um das Harz eines Doldengewächses, das dem Stinkasant ähnelte und einen eher unangenehmen, beißenden Geruch hatte. Der Saft des echten Opopanax wurde früher besonders zu medizinischen Zwecken eingesetzt: bei Leib-, Kopf- und Zahnschmerzen, Husten, Blasenentzündungen. Frauen wurde er zum Abtreiben und zur Behandlung von Gebärmuttererkrankungen empfohlen. Heute versteht man unter Opopanax (auch: süße Myrrhe, Bisabol-Myrrhe) eine Akazienart, deren Harz einen leicht süßlichen, nach Waldboden duftenden Geruch verströmt. Sie wächst heute vorwiegend in Somalia. Das Opopanaxharz wird in Klumpen auf glühende Kohlen gegeben und zusammen mit Holzstückchen, verräuchert, die den Geruch veredeln. Opopanaxrauch soll reinigend wirken und die Selbstheilungskräfte des Körpers stimulieren. Außerdem soll er Wahrnehmung und Beobachtungsgabe stärken und die Intuition fördern. In Somalia wird Opopanaxduft verwendet, um die Häuser nach einer Geburt zu reinigen. Der Unterleib der Frauen wird nach der Geburt in Opopanax gebadet.

Bezugsquellen: La Florina, Fred Wollner, Berk Esoterik, Secret Emotion Kosmetik, Isis-Urania

Libanonzeder (Cedrus libani)

In ihrer Heimat, dem Libanon, ist die Zeder kaum noch an den Hängen des Zederngebirges zu finden. Da ihr Holz sehr widerstandsfähig und wohlriechend ist, wurde es schon von den Assyrern und Babyloniern gern verwendet, um Häuser, Möbel, Tempel, Sarkophage und Schiffe zu bauen. Nicht nur im eigenen Land nutzte man das Holz; auch Ägypter, Römer und Griechen bauten aus Zedernholz ihre Tempel. Phönizische Holzschiffe brachten den begehrten Rohstoff in aller Herren Länder rund ums Mittelmeer. Inzwischen ist dieser einst heilige Baum im Libanon fast ausgerottet. Die letzten verbliebenen Exemplare sind heute geschützt. Daher verwendet man zum Räuchern in der Regel andere Zedernarten.

Die Räucherungen lassen sich mit getrockneten Zedernnadeln, Harz oder etwas Holz durchführen. Der Duft ist angenehm aromatisch, süß und harzig. Er soll stärken und harmonisieren, wirkt kräftigend, besonders auf depressive und ängstliche Menschen. Außerdem ist Zedernduft ein sehr gutes Mittel, um Motten aus Kleidung und Möbeln zu vertreiben. Oft hilft schon ein Stück Zedernholz im Schrank.

Bezugsquellen: Secret Emotion Kosmetik, Fred Wollner (Zedernholz), La Florina (Zedernspitzen und -holz). Zedernholz gegen Insekten gibt es außerdem in gut sortierten Reformhäusern und einigen Naturkostläden.

Galbanum (Ferula gummosa)

Der Galbanumbaum gehört zu den Doldengewächsen. Er wird bis zu 2 m hoch und ist mit dem Fenchel verwandt. Seine ursprüngliche Heimat liegt im heutigen Afghanistan bzw. dem Iran, wo er wild wächst. Das Harz wird durch Einritzen der Stängel oder Wurzeln gewonnen. Der Geruch ist waldig und erinnert an Fichtennadeln. Während das afghanische Galbanum ein milderes, weiches Aroma hat, ist das iranische würziger und kräftiger. Räuchert man es allein, entfaltet sich schnell ein beißender Geruch; als Zutat einer Mischung verlängert Galbanum die Brenndauer. Feinstofflich entfaltet Galbanum beim Räuchern seine Wirkung tief in der Seele, es löst alte Muster und fördert Kreativität und Neubeginn.

Bezugsquellen: La Florina, Isis-Urania, Berk Esoterik

Sandelholz (Santalum album)

Das weiße Sandelholz kommt aus Indien, Indonesien und den Philippinen. Dort benutzt man das angenehm duftende Holz für Schnitzereien, zur Möbelherstellung und bei Verbrennungszeremonien, um die Seele zum Himmel zu tragen. In Indien ist der Sandelholzbaum heilig und dem Gott Schiwa zugeordnet. In früheren Zeiten fehlte Sandelholz in keiner Räuchermischung; so war es auch in der ägyptischen Kyphi-Mischung ein wichtiger Bestandteil.

Da die Bestände des Sandelholzbaums jedoch in den letzten Jahren stark dezimiert wurden, ist das Holz heute sehr selten und teuer. Sein warmer, weicher, holziger Geruch harmoniert gut mit anderen Räucherdüften. Schwere und scharfe Düfte mildert er ab.

Bezugsquellen: La Florina, Fred Wollner, Isis-Urania, Berk Esoterik, farfalla

Rose (Rosa damascena)

Die Blume der Liebe stammt ursprünglich aus Arabien. Heute findet man sie in vielen europäischen Ländern. In der griechischen Mythologie war sie der Göttin Venus zugeordnet. In der christlichen Religion kommt die Rose als Sinnbild der Mutter Gottes und der Liebe zu Gott vor. Schon früh wurden ihre heilenden Kräfte bei Kopfschmerzen und Epilepsie genutzt. Viel mehr aber kennt man Rosenwasser, -blüten oder -öl als wohlriechende Kosmetikgrundstoffe. Zum Räuchern verwendet man am besten die Blütenknospen, von denen man die Blätter abzupft und trocknet.

Bezugsquellen: Secret Emotion Kosmetik, Isis-Urania, La Florina

Moschus (Moschus moschiferus)

Moschus ist im Gegensatz zu den meisten anderen Räucherstoffen kein Räucherkraut oder -harz, sondern ein tierisches Produkt, und zwar ein Sekret aus der Sexualdrüse des männlichen Moschushirsches, der im Himalaja lebt. Moschus riecht eigentlich nach Ammoniak, in verdünnter Form entfaltet sich jedoch ein sehr erotischer, sinnlicher Duft.

Echter Moschus ist heute sehr teuer; man verwendet als Ersatzstoff gern eine Hibiskusart *(Abelmoschus moschatus)*, deren Samen Moschuskörner heißen, oder die Blüten des Moschuskrautes *(Adoxa moschatellina)*, das in deutschen und italienischen Alpenwäldern vorkommt. Beim Räuchern entwickeln Moschuskraut und Moschuskörner einen sehr intensiven, balsamähnlichen, schweren Geruch, der ähnlich wie echtes Moschusöl die Sinne anregt und Erotik weckt.

Bezugsquellen: Isis-Urania, Secret Emotion Kosmetik, La Florina (Moschuskörner)

Weihrauch (Boswellia carteri, Boswellia sacra, Boswellia serrata)

Die knorrigen Weihrauchbäume wachsen wild in regenarmen Gebieten, bevorzugt an Steinhalden im Schatten der Berge. Sie werden bis zu 6 m hoch. Neben den arabischen Ländern gehen auch Somalia und Ägypten zur Heimat des Weihrauchs. Es gibt wohl etwa 25 verschiedene Arten, je nach Standort und Klima. Entsprechend vielfältig sind die Düfte der jeweiligen Harze. Gewonnen wird Weihrauchharz durch Anritzen der Rinde. Der Baum sondert eine milchige Flüssigkeit ab, die unter Sonneneinwirkung zu hellem, festem Harz erstarrt. Weihrauch gehört auch heute noch zu den bekanntesten Räucherstof-

fen überhaupt. Er soll bei längerem Einatmen leicht rauschhafte Zustände auslösen. Religiöse Kreise halten Weihrauch für den besten Räucherstoff, um Segnungen und Weihen abzuhalten. Er soll schützen und reinigen und die Verbindung zwischen dem Menschen und dem göttlichen Geist herstellen. Weihrauchduft entfaltet sich am besten in warmen, hellen Räumen oder unter freiem sonnigem Himmel. Die Räucherheilkunde kennt Weihrauch als Wund- und Desinfektionsmittel. Bei großen Menschenansammlungen, in Seuchengebieten und Krankenräumen wurde mit Weihrauch geräuchert, um die Luft zu reinigen und Ansteckungen zu verhindern. Doch Weihrauch soll die Luft nicht nur von Keimen befreien, sondern auch andere „Störungen" beseitigen, beispielsweise wenn Ärger oder Streit in „der Luft liegt". Wer ein neues Haus oder eine Wohnung bezieht, kann durch eine Weihrauch-Räucherung die verbrauchte Luft klären und reinigen. Außerdem soll der Rauch Rheumakranken helfen, die Durchblutung fördern und Fieber senken.

Bezugsquellen: La Florina, Berk Esoterik, farfalla, Fred Wollner, Isis-Urania, Secret Emotion Kosmetik

Myrrhe (Commiphora myrrha)

Der Myrrhebaum oder -strauch wächst ähnlich wie Weihrauch auf kargem, trockenem Boden in höheren Lagen in Somalia. Das Harz der Myrrhe, das aus dem Rindensaft entsteht, schmeckt bitter – daher der Name, der im Arabischen „bitter" bedeutet. Schafft der Weihrauch die Verbindung zum Geistigen, so führt der Myrrherauch zum Körperlichen und zur Erde zurück. Myrrheräucherungen sind geeignet, um wieder mit beiden Beinen auf den Boden zu kommen, klar im Geist zu werden, wenn man unentschlossen, verwirrt ist, und wieder in Einklang und Harmonie mit sich und der Welt zu leben. Der Duft verleiht Kraft und Optimismus und ist besonders für sensible Menschen wirksam, sollte jedoch nicht bei Depressionen angewandt werden.

Bezugsquellen: Secret Emotion Kosmetik, Isis-Urania, La Florina, Berk Esoterik, Fred Wollner, farfalla

Räucher-Kräuter bei den Griechen und Römern

Wenn man über die Räuchertradition im alten Griechenland berichten will, muss man bei den Minoern auf der Insel Kreta beginnen. Denn diese hatten eine sehr ausgeprägte Räucherkultur, die den Alltag der Menschen begleitete, wie Ausgrabungen und alte Schriften zeigen. Auf Hausaltären und in Tempeln räucherte man zu Ehren der Götter in Räucherschalen und -fässern. Die Räucherstoffe wurden auf glühende Kohlen gelegt. Viele der auf Kreta verwendeten Stoffe wuchsen im eigenen Land – beispielsweise Zistrose (Labdanum), Anis, Mastix.

Im übrigen Griechenland begann man mit Räucherungen erst spät; viele der Räucherstoffe und kulturellen Handlungen gelangten von Asien über Kreta dorthin und wurden dankbar übernommen. Frühe Räucherungen fanden bei Tieropfern statt, um den unangenehmen Geruch zu überdecken. Später beschränkte man sich auf Duftopfer, um die Götter gnädig zu stimmen. Jedem Gott war ein bestimmter Duft geweiht, der in bronzenen oder goldenen Räucherschalen dargebracht wurde. Bei Weissagungen oder Orakelsitzungen versenkte sich die Priesterin durch Rauch in Trance. Darüber hinaus entwickelten auch die Griechen eine Räucherheilkunde. Typische Räucherstoffe der Griechen waren: Labdanum, Lorbeer, Safran, Benzoe, Bernstein, Styrax, Narde, Zeder, Weihrauch, Myrrhe, Kostus, außerdem viele Kräuter wie Anis, Beifuß, Diptam, Kamille, Koriander, Majoran, Rosmarin, Salbei, Thymian und Ysop.

Auch die Römer wandten sich erst spät ausgedehnten Räucherzeremonien zu. Sie kannten zu Anfang lediglich Zypressen, Wacholderholz, Lorbeer und Pinien zum Räuchern. Es wurde sehr gemäßigt und ohne Ausschweifungen geräuchert. Cäsars Zeitgenossen liebten keinen Luxus, sie dachten vielmehr an die Eroberung anderer Länder. Und bei dieser Gelegenheit lernten sie auch andere Duftstoffe kennen und übernahmen bald die Bräuche fremder Völker, vor allem der orientalischen und afrikanischen. Bald brach im Römischen Reich eine wahre Duftekstase aus. Im

Zuge einer allgemein wachsenden Tendenz zur Sinnenfreude stieg auch der Verbrauch an Räucherkräutern drastisch an. Überall und zu jeder Gelegenheit ließ man Wohlgerüche verströmen. Auch Gesetze zur Einschränkung des Gebrauchs von Räucherwerk nützten nichts. Rom hüllte sich, seine Paläste und Häuser und sämtliche Statuen in eine Duftwolke. Auch die Weine wurden mit Harzen behandelt, um sie zu aromatisieren und haltbar zu machen. Diese Tradition kennen wir heute vom griechischen Retsina, dem Wein mit dem aparten Kiefernharz-Geschmack.

Die beliebtesten Räucherhölzer, -kräuter und -harze

Diptam (Origanum dictamnus)

Der Diptam wächst vor allem in den Bergen Kretas. Im Altertum galt er als magisch: Die Menschen glaubten, dass man bei Räucherungen mit ihm zu den Göttern in Kontakt treten und in die Zukunft schauen konnte. Außerdem sprach man dem Diptam-Rauch energetisch heilsame Kräfte zu, die Wünsche verstärken und die inneren Energien aufleben lassen. Er schützt so vor schädlichen und krank machenden Einflüssen. Geräuchert werden die getrockneten Pflanzenteile, die einen warmen, krautigen Duft entwickeln. Die Heilkunde empfiehlt Diptam-Rauch bei Angstzuständen und Nervosität und zur Stärkung der Atemwege.

Bezugsquelle: farfalla

Kamille (Chamomilla recutita, Matricaria recutita)

Die getrockneten Blüten der Kamille kennen wir als Tee, in Cremes und Salben und zum Inhalieren bei Erkältung und Schnupfen. Bei Räucherungen wird Kamille gern gegen Ärger und Trauer verwendet, da der Rauch besänftigt, beruhigt und ausgeglichen macht. Man kann sie allein verräuchern oder Myrrhe und Mastixperlen als Grundstoffe beigeben.

Bezugsquelle: gut sortierte Drogerien und Apotheken

Kassia (Cinnamomum cassia)

Der Räucherstoff Kassia wird aus der Rinde des chinesischen Zimtbaumes gewonnen, einer der ältesten Nutzpflanzen Chinas. In China schätzt man Kassiaduft wegen seiner heilenden Wirkung bei Erkältungen, Husten, Durchfall, Kopfschmerzen, Rheuma und Impotenz. Über die arabischen Länder gelangte Kassiarinde auch nach Ägypten und Griechenland. Geräuchert werden Rindenstücke des Kassiabaumes, die lange glimmen und einen angenehm süßlichen, zimtigen Duft entwickeln. Heute sind sie relativ teuer und werden oft durch andere Zimtarten ersetzt.

Bezugsquellen: Secret Emotion Kosmetik, Gewürzhandel

Kostus (Sassurea lappa)

Kostus ist eine Wurzel, die wild im Gebiet des Himalaja wächst. Von China und Arabien kam sie nach Europa. Sie eignet sich für Räucherungen, die eine erotische, sinnliche Atmosphäre schaffen sollen. Beim Räuchern verströmt die Wurzel einen schweren, erdigen, animalischen Duft.

Bezugsquellen: La Florina, Berk Esoterik

Labdanum (Cistus ladaniferus)

Labdanum ist das Harz der Zistrose, einer typischen Pflanze des Mittelmeerraumes. Der Labdanumstrauch scheidet bei Sonnenschein das Harz über Drüsenhaare aus. Es entwickelt beim Räuchern einen holzigen, warmen, angenehmen Geruch, der an Ambra erinnert. In der Antike wurde es für Räucherungen und als Bestandteil von Pflanzenheilmitteln verwendet. Von Kreta aus, wo man es erntete, wurde Labdanum in alle Welt exportiert. Es wurde in Tempeln ebenso geräuchert wie in der griechisch-orthodoxen Kirche und später bei Kardinalsweihen.

Auch in der ägyptischen Kyphi-Mischung war es enthalten. Noch bis in dieses Jahrhundert findet man Labdanum als Zutat berühmter Parfümmischungen. Medizinisch verwendet man Labdanumrauch heute vor allem zur Wundbehandlung, bei Zahnschmerzen, Hauterkrankungen und Atembeschwerden. Außerdem sollen Menschen, denen innere Wärme und Sinnlichkeit fehlen, Räucherungen mit Labdanum vornehmen.

Bezugsquelle: La Florina

Lavendel (Lavandula officinalis)

Den feinen Duft von Lavendel kennt jeder; wir verwenden ihn heute gerne für Parfüms und um Insekten abzuhalten. Zum Räuchern werden die getrockneten Blüten verwendet. Lavendelduft verbreitet ein sehr angenehmes Aroma, er wirkt reinigend und desinfizierend, klärend auf Körper und Geist und schafft Zufriedenheit. Außerdem hilft er, im Umgang mit anderen Menschen Harmonie und Frieden zu wahren und zum Wesentlichen zu finden.

Bezugsquellen: Secret Emotion Kosmetik, Isis-Urania, La Florina

Lorbeer (Laurus nobilis)

Wir kennen diese würzig duftende Pflanze in Form des Lorbeerkranzes, der zur Ehrung von Siegern und zum Ruhm großer Menschen überreicht wird, und als Gewürzblätter in verschiedenen Gerichten. Bei den Griechen war der Lorbeerbaum heilig, weil er nie seine Blätter verlor. Er war dem Gott Apoll gewidmet. Der Duft, der beim Verbrennen von Lorbeerblättern entsteht, soll die geistigen und spirituellen Fähigkeiten wecken und schlechte Gedanken und Einflüsse abhalten. Der beißende Rauch wurde in der Antike bei Orakelräucherungen verwendet – wie man vermutet, zusammen mit anderen Wirkstoffen, die halluzinogen wirkten. Priester und Ärzte inhalierten Lorbeerrauch, um Krankheitsursachen zu erkennen. Doch die angeblich psychoaktive Wirkung von Lorbeer konnte bisher nicht nachgewiesen werden. Wegen seines beißenden Geruchs sollte man Lorbeer nur in kleinen Mengen verräuchern oder mit anderen Räucherkräutern vermischen.

Bezugsquellen: Fred Wollner, Gewürzfachhandel

Mastix (Pistacia lentiscus)

Das Harz Mastix stammt aus der Rinde des Mastixbaumes, der bis zu 5 m hoch wird und federartige Blätter hat, die er nie verliert. Der Baum wächst vorwiegend in Ländern des südlichen Mittelmeerraumes, auf den Kanarischen Inseln und in Nordafrika. Das Harz tritt in Form von kleinen gelben Perlen oder „Tränen“ aus dem Baum. In dieser Form wird es gereinigt und verkauft. Beim Räuchern entwickelt es weißen Rauch und einen harzigen, frischen, an Zitrus und Weihrauch erinnernden Geruch. In der Antike schätzte man die heilsame Wirkung des Harzes, das bei Räucherungen Krankheiten vertreiben sollte. Mastixrauch baut die geistigen Kräfte auf und hilft die Ausstrahlung zu verbessern. Mastixharz kann einzeln oder mit anderen Stoffen, deren Duft es hervorhebt, verräuchert werden.

Bezugsquellen: La Florina, Isis-Urania, farfalla, Fred Wollner, Secret Emotion Kosmetik, Berk Esoterik

Räucherwerk aus dem Heiligen Land

Die Ureinwohner Israels, die Hebräer, wussten nichts von Duftstoffen und Räucherzeremonien. Sie verwendeten auch keine Duftöle und Salben, sondern waren ein einfaches Hirtenvolk und kannten wahrscheinlich vor allem den Geruch ihres Viehs, der Ziegen und Schafe. Ob sie für heilige Handlungen Stoffe verräucherten, ist nicht überliefert. Jedoch gibt es Anzeichen für Menschenopfer bei den Hebräern. Eines ist uns aus dem Alten Testament überliefert.

Die Verwendung wohlriechender Düfte, Salben und Öle zu sakralen Handlungen lernte das Volk, dessen Gott Jahwe hieß, von den sie umgebenden Völkern – vor allem den Ägyptern. Es heißt in der Bibel, dass Josef von seinen Brüdern an Gewürzhändler verkauft wurde und Balsam, Weihrauch und Myrrhe nach Hause schickte. Im Buch Exodus wird beschrieben, wie Moses von Gott die Zehn Gebote erhält und eine Anweisung, eine Räuchermischung herzustellen, die allein zu Ehren Gottes in den Tempeln angezündet werden sollte. Hierfür sollte Moses auch einen speziellen Räucheraltar bauen und mit Gold verzieren. Die erste biblische Räuchermischung enthielt vier Ingredienzen, nämlich Styrax, Galbanum, Myrrhe und Weihrauch. Später nannte Gott noch Balsam, Gewürzrohr, Zimt und Zimtnelke, um daraus ein göttliches Salböl herzustellen. Diese Mischung wurde auch als Moses' acht Wohlgerüche bekannt.

Zu profanen Zwecken durfte der heilige Rauch auf keinen Fall entzündet werden. So begannen die Juden in ihrer monotheistischen Religion nach alter heidnischer Tradition mit Gott über Räucherungen in Kontakt zu treten. Der Weihrauchduft im Tempel galt als Zeichen der Anwesenheit Gottes und die aufsteigenden Dämpfe waren ein Symbol der Verbindung der Menschen zu Gott. Dieses Ritual wird heute noch in der römisch-katholischen Kirche zelebriert, indem die Messdiener bei Prozessionen und Gottesdiensten den Weihrauchkessel schwingen.

Mit der Zeit wurden die Vorschriften lockerer und auch Wohnräume und Kleider durften beduftet werden. Menschen durften sich mit Duftölen und Salben einreiben: Frauen wurden bestimmte Duftstoffe für die Reinigung des Körpers vorgeschrieben; Männer nutzten Duftöle und Salben, um Frauen zu betören – vor allem Könige, die sich wertvolles Räucherwerk leisten konnten.

Zu Christi Geburt kamen die Weisen aus dem Morgenland mit edlen und wertvollen Geschenken: Weihrauch, Myrrhe und Gold, das wahrscheinlich Balsam war. Damit zollten sie dem Kind für damalige Verhältnisse größten Respekt, den sonst nur ein König erhielt. Eine weitere Begegnung von Jesus mit Duftstoffen geschieht am Kreuz, wo die Tochter eines Rauchwarenhändlers, Maria Magdalena, seine Füße mit Nardenöl salbt. Dieser Stoff hatte damals sehr hohen Wert. Das Leichentuch Jesu wurde ebenfalls mit kostbaren Ölen getränkt und sein Leichnam mit Myrrhe und Aloe einbalsamiert. Da man im Christentum an die Auferstehung und Wiedergeburt glaubte, wurden bei sämtlichen Bestattungszeremonien Räucherungen durchgeführt; vor allem Weihrauch, Olivenholz und Palmwedel wurden angezündet.

Räucherkräuter wurden in vorchristlicher und christlicher Zeit auch zu Heilzwecken verwendet. Wie die Bibel berichtet, zündeten Priester im Haus von Aussätzigen Ysop, Zedernholz und Karmesin an, um die Menschen zu heilen und die Räume zu desinfizieren. Später wurden Räucherungen in der christlichen Religion verboten, da sie heidnischen Ursprungs waren. Außerdem mussten die Juden in römischer Gefangenschaft (etwa 200 n. Chr.) unter Räucherzeremonien ihrem Glauben abschwören und dem römischen Kaiser mit Räucherwerk huldigen.

Doch bald kehrte wieder wohlriechender Duft in christlichen Gotteshäusern ein, wenn auch langsam und verhalten. Während die Kirchenväter eher ablehnend auf Räucherungen reagierten und Räuchergefäße für Luxusartikel hielten, wurde in der christlichen Bevölkerung bis ins

Die Darstellung der Heiligen Drei Könige, die das Jesuskind mit Weihrauch, Myrrhe und Gold beschenken, zählt zu den zentralen Motiven der Kunstgeschichte.

Mittelalter hinein zu vielen Gelegenheiten geräuchert: bei Gottesdiensten, Karfreitags- oder sonstigen Prozessionen, zur Segnung von Kirchen und Wohngebäuden, bei Beerdigungen, Teufelsaustreibungen und zur Desinfektion bei Seuchen. Hier waren es vor allem die Kirchenoberhäupter, die sich Tag und Nacht in Weihrauchschwaden hüllten, um nicht infiziert zu werden. Diese widersprüchliche Haltung zeigt sich heute in den Ritualen der beiden Kirchen. Protestanten kennen keine Räucherungen, Katholiken sind mit den Weihrauchgefäßen noch sehr gut vertraut.

Die beliebtesten Räucherhölzer, -kräuter und -harze

Aloe (Aloe vera)

Ursprünglich in Arabien beheimatet, wächst Aloe heute vor allem in Afrika, den Mittelmeerländern und auf den Kanarischen Inseln. Schon im 4. Jahrtausend v. Chr. wurde mit Aloe geräuchert, wie Tontafeln aus dieser Zeit zeigen. Auch Ägypter, Griechen und die Völker des Zweistromlandes räucherten mit Aloe und benutzten es zum Einbalsamieren der Leichen. Das dunkle, gummiartige Harz wurde durch Trocknen des Saftes, der aus den Blättern austritt, gewonnen. Beim Räuchern entwickelt Aloe einen bittersüßlichen Geruch, der würzig und leicht stechend wirkt. Er entspannt, schenkt Ruhe und wärmt von innen. Die Harzklumpen bilden auf der Glühkohle Blasen, die sich in dunkle Rauchwolken auflösen.

Bezugsquelle: La Florina

Olibanum (Weihrauch, Boswellia sacra)

Der echte Weihrauch wird auch Olibanum genannt; das Wort ist eine Zusammensetzung aus hebräischen und arabischen Wörtern, die Rein-

Das Harz der Aloe galt schon im 4. Jahrtausend v. Chr. als entspannendes und beruhigendes Räuchermittel.

Aloe.

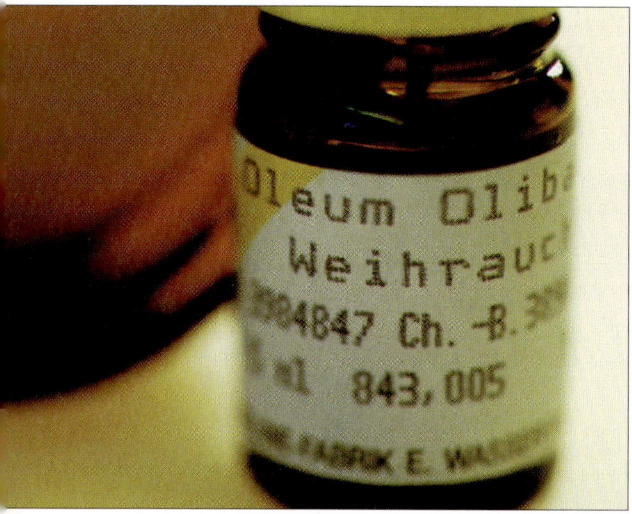

heit bedeuten. Gemeint ist das Harz der Weihrauchbäume, die vor allem am Roten Meer, in Arabien und Somalia vorkommen. Die Hebräer nannten das wohlriechende, helle Harz Levonah und zählten es zu ihren Tempelschätzen. Olibanum wurde zu religiösen und medizinischen Zwecken genutzt und in Kosmetika verarbeitet. Die traditionelle chinesische Medizin empfiehlt Weihrauch-Harz-Inhalationen gegen Husten. Heute schreibt man Weihrauch – innerlich wie äußerlich verabreicht – eine vielfältige und außergewöhnliche medizinische Wirksamkeit zu. Die in ihm enthaltene Boswelliasäure soll immunstimulierend und entzündungshemmend wirken und Schmerzen lindern. Chronische wie akute Krankheiten werden mittlerweile erfolgreich mit Weihrauch in Form von Tees, Pillen, Salben, Auszügen und Pflastern behandelt.

Bezugsquellen: Fred Wollner, Isis-Urania, Berk Esoterik, La Florina, farfalla, Secret Emotion Kosmetik

Narde (Nardostachys jatamansii)

Die Pflanze zählt zu den Baldriangewächsen und kommt in Regionen von 3000 bis 5000 m Höhe in Indien und China vor, wo buddhistische Mönche sie noch heute als Räucherzutat verwenden. Zum Räuchern dient die Nardenwurzel, die zerkleinert und getrocknet wird. In der Antike war Narde sehr kostbar, wurde bei Tempelräucherungen und zur Salbung von Leichnamen – auch der Leiche Jesu – verwendet. Königinnen und Könige salbten ihre Körper mit Narde; das Hohelied des Salomon erwähnt die

Wurzel als sinnlichen Genussstoff. Medizinisch wirkt Nardenduft auf das Nervensystem, entspannt und beruhigt und lindert vegetative Störungen. Auch bei Angst- und Stresssymptomen wie Schlaflosigkeit und Unruhe kann Nardenduft hilfreich sein. Beim Räuchern entfaltet Narde einen erdigen, leicht modrigen Geruch, der auch an Moschus erinnert. Er verliert seine Strenge, wenn er mit anderen Stoffen, die ähnliche Wirkungen haben (siehe Kapitel „Überblick über die Räucherstoffe nach ihren Wirkungen und Anwendungen"), gemischt wird. Nardenrauch führt zu einer Erweiterung des Bewusstseins, lässt aber nie den Kontakt zum Element Erde verlieren.

Bezugsquelle: Isis-Urania

Zimtrinde (Cinnamomum zeylanicum)

Aus der Rinde des Zimtbaumes stellten die Hebräer ätherisches Öl her. Moses nutzte es für das von Gott angeordnete Salböl. Außerdem wurde Zimtrinde zum Beduften der Räume und als Ingredienz von Parfümstoffen genutzt. Als Gewürz in Speisen schrieb man ihm aphrodisierende Wirkung zu. Heute verwendet man sowohl Zimtblüten als auch die Rinde der jungen Triebe zum Räuchern. Der äußerst aromatische Rauch hat eine harmonisierende Wirkung und vertreibt Ängste und Nervosität.

Bezugsquellen: La Florina, Fred Wollner, Secret Emotion Kosmetik

Einheit mit der Natur: Räucherungen der Indianer, Mayas, Inkas und Azteken

Die Indianer haben ein völlig anderes Verständnis von der Natur und vom Leben in ihr, als es in den westlichen Industriestaaten herrscht. Wo sich hier der Mensch als Krone der Schöpfung die Erde untertan machen will, gehören dort Menschen, Tiere und Pflanzen zu einer Schöpfung und sind demnach alle gleichberechtigte Brüder und Schwestern, die es zu respektieren und zu achten gilt. Sie sollen in einem harmonischen Gleichgewicht miteinander leben, niemand den anderen unterwerfen, sondern voneinander profitieren. So glauben die Indianer Nordamerikas noch heute. Ihren heimischen Pflanzen sprechen sie ein besonderes Wissen und besondere Fähigkeiten zu; viele halten sie sogar für Geschenke der Götter, die sie erhalten haben, um besser mit diesen in Kontakt treten zu können. Beim Räuchern können sie das Wissen der Pflanzen in sich aufnehmen und ihre heilenden Kräfte auf sich wirken lassen.

Die Mayas, Inkas und Azteken gehörten bis zum Einzug der spanischen Eroberer zu den Hochkulturen Südamerikas. Was nach der fast völligen Ausrottung dieser Kulturen erhalten geblieben ist, gibt ein Zeugnis vom hohen Entwicklungsstand der Völker, vor allem auf dem Gebiet der Pflanzen- und Heilkunde. Man kannte annähernd 4000 verschiedene Heilpflanzen. Geräuchert wurde zu Reinigungszwecken (fast jeder Haushalt hatte eine eigene Schwitzhütte) und bei medizinischen und religiösen Zeremonien. In den Häusern gab es kleine Altäre, auf denen aufwendig aus Terrakotta gearbeitete und verzierte Räuchergefäße standen, in denen man Kräuter zu Ehren der Götter verräucherte. Mithilfe von heiligem Rauch wurden Kranke in Schlaf versetzt, der ihnen heilsame Träume verschaffen sollte, aus denen sie gesund erwachten. Unterstützend wurden Kräuterkissen verwendet, die man auf schmerzende Stellen auflegte.

Die beliebtesten Räucherhölzer, -kräuter und -harze

Yerba Santa (Eriodictyon californicum, heiliges Kraut)

Die Pflanze ist in Europa weitgehend unbekannt. Sie wächst zwischen den Mammutbäumen und Pinien Kaliforniens und auch in den Bergen Mexikos und Arizonas. Die Indianer Kaliforniens verwendeten das Kraut bei heiligen Ritualen und medizinischen Anwendungen. Es besaß für sie große heilende Kräfte; sie trugen es im Medizinbeutel stets bei sich und nutzen es auch heute noch. Selbst die Missionare waren vom Wert der Pflanze überzeugt und gaben ihr den spanischen Namen Yerba Santa (heiliges Kraut). Als Räucherstoff sagt man Yerba Santa eine wohltuende und heilsame Wirkung nach, die Krankheiten vertreiben und die positiven Kräfte zurückbringen kann. Alle negativen und angstvollen Gefühle, die uns quälen und die wir auch in Räumen zurücklassen, wo wir uns aufgehalten haben, kann der Rauch des heiligen Krautes neutralisieren.

Bezugsquellen: farfalla, La Florina (auch: aztekische und indianische Räuchermischungen), Berk Esoterik (indianische Räuchermischungen, auch: Schwitzhütte)

Sage (Artemisia tridentata)

Es gibt einige Unklarheiten bei dieser Pflanzenart, die übersetzt eigentlich Salbei heißt, auch zuweilen Indianischer Salbei genannt wird, aber keiner ist. Vielmehr bezeichnet Sage den Wüsten- oder Steppenbeifuß, der mit den europäischen Beifußarten verwandt ist. Die Indianer verwenden Sage bei allen ihren Ritualen. Der Rauch reinigt die Luft, hält böse Geister und Krankheiten fern und verbindet beim Gebet die irdischen Kräfte mit den göttlichen. Dem Menschen schenkt er Kraft und innere Stärke. Tiere heilt er ebenso, wie er Ungeziefer vertreibt. Sage wird gern auf dem Boden der Schwitzhütte verteilt, damit der Geruch den Raum erfüllt.

Bezugsquellen: farfalla, Berk Esoterik, La Florina, Isis-Urania

Süßgras (Hierochloe odorata, Sweetgrass)

Die Indianer flechten die frischen langen Grasstängel zu Zöpfen und legen sie zwischen ihre Kleidung, um Insekten fernzuhalten, oder zünden die getrockneten Zöpfe an und beräuchern mit dem Rauch die Kleidungsstücke. Andere Indianerstämme schmücken sich mit den Graszöpfen. Beim Räuchern verströmt Sweetgrass einen süßen, leicht grasigen Geruch. Es wird gern bei Schwitzhüttenräucherungen oder den vorangehenden Reinigungszeremonien, aber auch bei medizinischen und rituellen Zeremonien zur Visionssuche und Stimulierung der Schamanen verwendet. Der Süßgras-Rauch soll auf Menschen und Situationen eine stark reinigende Wirkung haben und speziell die positiven Energien fördern.

Bezugsquellen: farfalla, Berk Esoterik

Copal (Protium copal)

Copal (Aztekisch: „copalquahuitl") ist das Harz verschiedener Baumarten aus unterschiedlichen Herkunftsländern. Das Copalharz hatte bei den mittelamerikanischen Völkern ähnliche Bedeutung wie Weihrauch in Arabien, Ägypten und in der christlichen Religion. Copal wurde bei den Azteken für weltliche und religiöse Anlässe, aber auch bei mystischen Räucherungen eingesetzt. Vor allem für Orakelräucherungen verwendete man Copalrauch. Manchmal wurden zusätzlich Korallen oder Maiskörner geworfen, um daraus zu lesen, während der Rauch die Luft erfüllte. Das Harz galt als heilig und war den Göttern, vor allem dem Sonnengott, geweiht. Zum Schutz vor Krankheiten trug man kleine Beutel mit Copalharzstücken bei sich.

Man unterscheidet drei Arten von Copal: durchsichtigen, weißen Copal, schwarzen Copal und Gold-Copal, der bernsteinfarben ist. In Räucherläden fragt man am besten nach Copal blanco, nero oder oro. Weißer Copal entwickelt beim Räuchern einen zarten, zitrusartigen Duft, dem Weihrauch vergleichbar. Angewendet wird weißer Copal vor allem, um die geistigen und spirituellen Kräfte zu aktivieren. Die reinigende Wirkung des Duftes wird bei Initiationsriten und Segnungen geschätzt. Schwarzer Copal ist am teuersten. Er entwickelt einen schweren, kräftigen Duft, der die mystischen Geheimnisse der Seele offenbart. Das dunkle Harz wird den Kräften der Nacht und den tiefen Bereichen des Unbewussten zugeordnet. Der Copal-Rauch soll die Verbindung von Gegensätzen in uns herstellen. Gold-Copal ist der weiche, warme Duft unter den dreien. Er fördert die imaginativen Bereiche in uns und alles, was mit Kreativität und Vorstellungskraft zu tun hat. Bei Tagesanbruch verräuchert, bietet er eine gute Grundlage für einen konzentrationsreichen Tag.

Bezugsquellen: farfalla, Fred Wollner, Isis-Urania, Berk Esoterik, La Florina

Boldo (Peumus boldus)

Der Boldobaum stammt aus Chile. Seine Blätter werden zum Räuchern und in der Heilkunde verwendet. Die besondere Wirkung der Blätter liegt darin, Leiden von Leber, Galle und Darm zu beheben. Meist wird

Wahrträume können auch die mit verschiedenen Kräutern gefüllten indianischen Traum-Kräuterkissen schenken.

dabei eine Tinktur aus den getrockneten Blättern verabreicht. Boldoblätter sind heute noch in Apotheken erhältlich, da das in ihnen enthaltene ätherische Öl verdauungsfördernd und krampflösend wirkt. Indianische Boldo-Räucherungen enthalten zusätzlich Pinien-, Kiefern- und Copalharz. Der Rauch soll bei Atemwegserkrankungen Linderung verschaffen, bei Stress beruhigen und das innere Gleichgewicht wiederherstellen.

Bezugsquellen: Apotheke; Isis-Urania, La Florina

Tolu (Myroxylon balsamum)

Aus der Rinde des im tropischen Amerika wachsenden Baums gewinnt man das rötlich braune Tolubalsam. Beim Räuchern entfaltet es ein weiches, süßliches Aroma, das abwechselnd an Vanille, Zimt und grünes Gras erinnert. In Räuchermischungen ist Tolu geeignet, „härtere" Düfte zu mildern. Tolurauch schafft eine warme, angenehm träumerische Atmosphäre von Geborgenheit und Entspannung. Er beruhigt aufgebrachte Gemüter und ist Balsam für verwundete Seelen. Allgemein stärkt er Körper und Geist. Daher wird er auch gerne unterstützend bei Meditationen eingesetzt. Medizinisch gesehen hat Tolurauch vor allem bei Erkältung und Atemwegserkrankungen große Bedeutung, auch in der europäischen Medizin wird er hierfür gern eingesetzt. Dank seiner antiseptischen Wirkung sollen Wunden ohne Narbenbildung heilen.

Bezugsquellen: Fred Wollner, La Florina

Tonkabohne (Dipteryx odorata)

Hier handelt es sich nicht um eine herkömmliche Hülsenfrucht, sondern um die Samen des Tonkabaumes, der in Venezuela, Brasilien und Nigeria beheimatet ist. Die Bohne gilt

Die indianische Schwitzhütten-Zeremonie

Die nordamerikanischen Indianer lieben Zeremonien und Rituale; diese verbinden sie mit ihren Ahnen und dem Großen Geist. Ein wichtiges Reinigungsritual ist die Schwitzhütten-Zeremonie. Vor Beginn der Zeremonie werden alle Teilnehmer mitsamt der Hütte im Sage-Rauch (Steppenbeifuß) gereinigt. Dann begibt man sich in die Schwitzhütte, wo man Körper und Geist im heißen, duftenden Wasserdampf der eigentlichen spirituellen oder rituellen Reinigung unterzieht oder sich mit den Geistern der Ahnen verbindet. Oftmals sind auch medizinische oder hygienische Gründe Anlass für eine Schwitzhütten-Zeremonie. Die Hütte ist ein kleines, halbrundes Zelt aus Zweigen und Fell, in dessen Mitte sich im Boden ein Loch befindet. Darin liegen glühende Steine, auf die Wasser gegeben wird. Zuvor wurden Räucherkräuter, -harze oder Öle auf die Steine gestreut bzw. geträufelt. Der Rauch vermischt sich mit dem Wasserdampf und verbindet sich mit den feinstofflichen Energien der Menschen, die in der Hütte sitzen. Die Indianer verbringen oft Stunden unter Gebeten und Gesängen in der Schwitzhütte.

Räucherkräuter für eine Schwitzhüttenzeremonie sind: Wacholder, Süßgras, Weihrauch-Zeder, Sage und Tabak.

Auch bei uns kann man an indianischen Schwitzhütten-Zeremonien teilnehmen. Auskünfte erhalten Sie in Esoterikgeschäften und -buchhandlungen und in der indianischen Abteilung von Völkerkundemuseen.

als Glücks- und Liebesbringer, wenn man sie am Körper trägt; im Portemonnaie getragen soll sie das Geld vermehren. Außerdem erfüllt sie geheime Wünsche, die man ihr anvertraut. Zum Räuchern wird die Tonkabohne zu Pulver zerrieben und mit anderen Räucherstoffen vermischt. Sie entfaltet einen lieblich-süßen Geruch mit einer würzigen Note. Tonkabohne wirkt entspannend, wärmt die Seele und heitert das Gemüt auf.

Bezugsquellen: Isis-Urania, farfalla Düfte & Edelsteine, La Florina

Traumkraut (Calea zacatechichi)

Das Zacatechichi-Kraut war eine der wichtigsten Räucherpflanzen der Mayas. Der 1,5 m hohe Busch wächst in den Wäldern Mexikos. Die Indianer verräucherten Traumkraut, um im Traum Botschaften der Götter zu empfangen. Tatsächlich kann Zacatechichi Träume beeinflussen.

Eine Räuchermischung mit Traumkraut, vor dem Schlafengehen verräuchert, kann helfen, Botschaften aus dem Unterbewusstsein zu empfangen, die in den Träumen verschlüsselt zum Ausdruck kommen. Wissenschaftliche Versuche haben die traumverstärkende Wirkung von Traumkraut bestätigt.

Bezugsquelle: La Florina

Perubalsam (Myroxylon balsamum)

Der bis zu 16 m hohe Baum wächst nicht nur in Peru, sondern auch in den Regenwäldern von Mexiko, Honduras, Costa Rica, Nicaragua und El Salvador. Perubalsam verliert seine flüssige Konsistenz nicht; zum Räuchern sollte er mit Räucherhölzern wie Aloe, Zeder oder Sandelholz gemischt werden. Seinen feinen, warmen Duft entwickelt er erst in Verbindung mit anderen Duftstoffen. Der Rauch von Perubalsam wirkt heilsam auf Körper und Seele; er schafft eine besinnliche, träumerische und liebevolle Atmosphäre, die verletzte Gemüter wieder versöhnlich stimmt. Die Indianer Südamerikas verräucherten Perubalsam hauptsächlich aus medizinischen Gründen bei Erkrankungen von Nieren und Blase und bei Er-

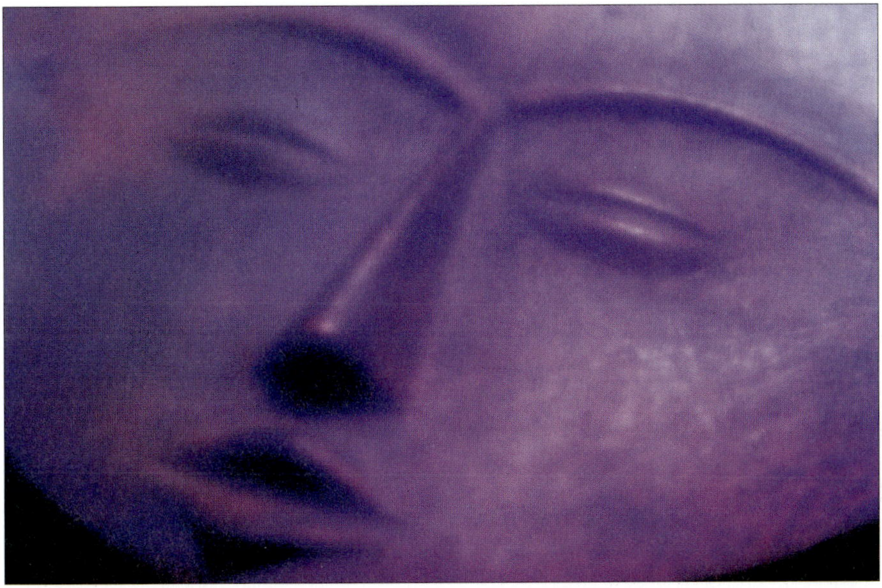

kältungen. Wie dem Tolubalsam schrieb man ihm gute Eigenschaften bei der Wundheilung und der Bekämpfung von Hautkrankheiten wie Krätze oder Schuppenflechte zu.

Bezugsquelle: Fred Wollner

Wahrsagesalbei (Salvia divinorum)

Die Azteken nannten diese Salbeiart Pipiltzintzintli. Sie ist verwandt mit unserem Küchensalbei, aber wahrscheinlich sehr viel älter als dieser. Die Indianer haben die Pflanze kultiviert und gepflegt, sodass sie bis heute erhalten geblieben ist. Die Oaxacan züchten sie an geheimen Plätzen in den mexikanischen Wäldern. Man spricht ihr besondere Fähigkeiten zu, die ihr europäischer Verwandter nicht hat. So soll Wahrsagesalbei Visionen herbeiführen; außerdem bewirkt der Rauch der Blätter mystische Erlebnisse und Gotteserfahrungen.

Bezugsquellen: La Florina, farfalla

Ein Erlebnis für alle Sinne: Räucherungen in China und Japan

Auch in China wurden schon sehr früh Räucherrituale praktiziert. Überlieferungen beweisen, dass bereits vor mehr als 3000 Jahren geräuchert wurde. Das bevorzugte Räucherkraut war Hanf, wahrscheinlich wegen seiner bewusstseinserweiternden Eigenschaften. In den Häusern einfacher Menschen diente der Rauch dazu, zu reinigen, böse Geister und Dämonen fern zu halten und die Götter gnädig zu stimmen. Darüber hinaus wurde die aphrodisierende Wirkung von Räucherwerk in erotischen Situationen geschätzt. Noch heute verwendet man in China als Räucherwerk Räucherstäbchen, die auch Glücks- oder Schicksalsstäbchen genannt werden.

Das chinesische Wort für Räucherung lautet Wenxiang, was so viel bedeutet wie „dem Rauch lauschen". Das Dufterlebnis wird sehr intensiv und mit mehr als einem Sinn wahrgenommen – nicht nur gerochen, sondern auch gehört. Solche Praktiken ähneln denen früher schamanischer Zeremonien, wo der Schamane durch den aufsteigenden Rauch halluzinogener Substanzen in Trance versetzt wurde und den Rauch zu „hören" begann, indem er Weissagungen und Vorhersagen traf. Oft werden dementsprechend die Räucherungen musikalisch begleitet und die Umgebung wird farblich passend zum Räucherstoff gestaltet, um das Sinnenerlebnis zu vervollständigen.

Die zwei großen Religionen der Chinesen – Konfuzianismus und Taoismus – praktizieren Räucherzeremonien als wichtige Bestandteile ihrer religiösen Rituale. Der Taoismus ist eine sehr mystisch orientierte Religion mit vielen ritualisierten Handlungen. Dazu gehörten vor allem Räucherungen zur Anrufung der Ahnen, um böse Geister aus Haus und Garten zu vertreiben und das Wohlwollen und den Schutz der guten Geister

zu erlangen, die den Menschen Glück und Erfolg bringen. Bei Meditationen sollten die Räucherkräuter den Geist beleben und den Körper stärken. In den taoistischen Tempeln wurden von den Priestern Räucherzeremonien durchgeführt und dabei in riesigen Gefäßen Räucherwerk verbrannt.

In der Lehre des Konfuzius dienten die Räucherkräuter vor allem zur Aufrechterhaltung des Ahnenkultes, zur Verehrung der Götter und zur Vertreibung der bösen Geister. Außerdem sollte man Kleidung und Wohnraum mit angenehmen und reinigenden Düften versehen. Das berühmte konfuzianische Orakelbuch der Wandlungen (I Ging) sieht für die Durchführung einer Orakelsitzung ebenfalls ein Räucherritual vor, um die göttlichen Botschaften zu erhalten.

Ebenso wie die taoistische Gesundheitslehre misst auch die Traditionelle Chinesische Medizin Räucherungen eine große Bedeutung bei. Beide Lehren gehen davon aus, dass eine Krankheit die Folge des Ungleichgewichts von Körper, Geist und Seele ist. Daher ist es notwendig, den Menschen ganzheitlich zu behandeln und nicht nur einzelne Symptome zu kurieren.

Im Taoismus werden außerdem Dämonen, die schlechte Gedanken und Stimmungen herbeiführen und die Umgebung negativ beeinflussen, für bestimmte Krankheiten verantwortlich gemacht. Räucher-Kräuter mit ihrer heilenden, ausgleichenden und festigenden Wirkung können helfen, das Gleichgewicht wiederherzustellen.

Der schwere Duft der Räucherstäbchen liegt überall in den Tempeln Chinas in der Luft. Selbst der kleinste Altar, beispielsweise vor einem Haus oder in einer Ecke der Werkstatt, ist vom Dunst der Räucherstäbchen umgeben.

Die chinesische Duftkultur wurde nach Japan getragen. So kann man sagen, dass die Räucherstoffe aus China auch bei japanischen Räucherzeremonien verwendet werden.

Die Tradition des Räucherns in Japan

Die Geschichte der japanischen Räuchertradition geht zurück auf die Einführung des Buddhismus, welcher im 6. Jahrhundert von China übernommen wurde. Als kulturelles Leitbild prägte China zu dieser Zeit in vielfacher Weise die Lebensformen Japans. Tee, exotische Gewürze und edle Räuchersubstanzen wurden aus fernen Ländern importiert und gewannen als Genussmittel immer mehr an Beliebtheit. Eng verbunden mit den Ritualen des Buddhismus, wurde Räucherwerk – genannt *Koh* – zunächst fast ausschließlich bei religiösen Anlässen verwendet, beispielsweise zur Würdigung von Buddha-Statuen, als Symbol der Reinigung und zum Gedenken an Verstorbene. Die aufsteigenden Wohlgerüche der Räucher-Opfergaben sollten Botschaften zum Himmel tragen und die Gottheiten wohlstimmen.

Wie bereits in China wusste man auch in Japan um die heilenden Kräfte von Räucherwerk und kannte die verschiedensten Behandlungsformen: Aromatherapie (die besonders bei psychischen Beschwerden Anwendung fand), Einreibungen der Haut mit feinem Pulver aus Hölzern und Gewürzen und sogar dessen Einnahme.

Leidende führten beim Betreten eines Tempels den aufsteigenden Duftrauch mit einer sanften Bewegung ihrer Hand zu der erkrankten Stelle ihres Körpers, eine Geste, die wir in Japan noch heute oftmals beobachten können.

Erlesene Räucherdüfte am Kaiserhof

Im 8. Jahrhundert, zur Zeit der Heian-Ära, fanden die Adeligen am Kaiserhof Gefallen an dem erlesenen Duft schwelender Aromastoffe. Hiermit nahm die Räucherkultur in Japan eine ganz besondere Wende. Losgelöst vom religiösen Hintergrund entstand eine faszinierende Kunstform des Räucherns, die von den Edelleuten bis ins Detail vervollkommnet wurde.

Die persönliche Kreation von exquisiten Duftmischungen zählte bald, wie auch Kalligraphie, Poesie und Musik, zu den Ausdrucksformen der schöngeistigen Künste. Es entstand ein Wetteifern um die Herstellung der feinsten und subtilsten Räucherungen, die sowohl dem „Parfümieren" der Räumlichkeiten und Kleidung als auch dem rein ästhetischen Zeitvertreib dienten. Erlesenes Räucherwerk, *Koh*, war von nun an im hoch zivilisierten höfischen Leben allgegenwärtig: Gewänder wurden beduftet, indem man sie über ein Gestell aus Bambus legte, damit der darunter aufsteigende Rauch von *Koh* in das Gewebe einziehen konnte. In den Ärmeln der Kimonos trug man kleine Duftsachets und selbst die Rüstungen der Krieger wurden vor der Schlacht mit Räucherwerk parfümiert! Wie bei uns in der Renaissance war auch in Japan zu dieser Zeit das „Sich-Waschen" verpönt und das „Sich-Beduften" gehörte daher mit zur täglichen Hygiene.

Yujo mon-koh-zu (Porträt einer Kurtisane, die dem Räucherduft „lauscht"), Zeichnung von Choshun Miyagawa, Ende des 18. Jahrhunderts.

Kostbares *Koh* rankte sich als zarte Bande um Liebespaare, sein Duft inspirierte zum Schreiben von Gedichten, vertiefte das Empfinden der unterschiedlichen Jahreszeiten, untermalte die kunstvollen Blumengestecke, leitete Teezeremonien ein und diente als Unterstützung jeglicher Kreativität. Man begann zahlreiche raffinierte Spiele zu erfinden, in denen es um das Erkennen und Zuordnen von Räucherdüften ging.

Die Kunst, dem Duft zu „lauschen"

Aus den Räucherduft-Spielen der japanischen Edelleute entwickelte sich mit der Zeit eine kunstvolle Zeremonie, bei welcher der Räucherwerk-Meister und seine Gäste gemeinsam „dem Duft lauschen" – noch heute bekannt als *Koh-Do*, der „Weg des Räucherns". Bei dieser Zeremonie werden mithilfe feinster Utensilien nach fest vorgeschriebenen Abläufen kostbare Aromahölzer in einem mit Asche gefüllten Becher auf Räucherkohle erhitzt. Der Räucherbecher macht die Runde, damit jeder Teilnehmer in einigen Atemzügen den köstlichen Duft genießen kann. Der in diesem Zusammenhang gebräuchliche Ausdruck „dem Duft lauschen" deutet bereits darauf hin, dass bei *Koh-Do* alle unsere Sinne und Wahrnehmungen geweckt werden sollen. Im Vergleich zu den anderen Kunstwegen Japans, wie *Cha-Do*, dem „Weg des Tees", oder *Ka-do*, dem „Weg der Blumen", blieb die Räucherzeremonie *Koh-Do*, nicht zuletzt auf Grund des Bedarfs an kostspieligen Zutaten und Utensilien, bis heutzutage weniger bekannt.

Jinkoh – ein Duft-Kunstwerk der Natur

Wenn in dem großen Klassiker der japanischen Literatur, „Die Geschichte des Prinzen Genji", von kostbaren Düften die Rede ist, mit denen der frauenumschwärmte Prinz die Herzen der Hofdamen betört, dann ist mit Sicherheit Adlerholz (auch Aloeholz oder Udholz) gemeint.

Jinkoh, wie es auf Japanisch heißt, spielt auch bei der traditionellen *Koh-Do*-Zeremonie von jeher die zentrale Rolle. Dieses Duftritual wäre ohne das außergewöhnliche Aroma dieses Holzes vermutlich gar nicht erst entstanden. Obwohl es immer wieder versucht wurde, konnte kein chemischer Prozess je diesen exquisiten Duft künstlich herstellen. Auch in der Natur bedarf es einer besonderen Konstellation, damit das „Holz-Fossil" Jinkoh (lat. *Aquillaria agallocha*) entstehen kann: Ein Baum der Familie Thymelaceae wird von einem Bakterium befallen und versucht sich mit der Sekretion seines dunklen, extrem aromatischen Harzes zu schützen.

Er stirbt ab und fällt im Dickicht des Tropenwaldes, wo er dann über Jahrhunderte begraben liegt. Nun setzt ein Fermentations- und Alterungsprozess ein. Sein Aroma verdichtet sich immer mehr und das Holz wird mit der Zeit so schwer, dass es sogar im Wasser versinkt – daher auch sein Name Jinkoh, was so viel wie „sinkendes Holz" bedeutet.

Nur geübte Sammler können diese seltenen Jinkoh-Stücke finden, die dann als wahre „Kunstwerke der Natur" zu Höchstpreisen gehandelt werden. Das Aroma von Jinkoh wirkt besonders beruhigend und ausgleichend auf die Psyche. Da jedes Holzstück ein Duft-Unikat ist, bedarf es der langjährigen Erfahrung eines Räuchermeisters, um die verschiedenen Güteklassen zu bestimmen. Man legte sechs Klassifikationen fest, welche die Qualitäten einstufen sollen: Kyara (die höchste Güteklasse), Rakoku, Manaka, Manaban, Sumotara und Sasora. Diese Namen bezeichneten ursprünglich das Land, aus dem das Holz stammte.

Die traditionelle Zubereitung des Räucherbechers

Um in den vollen Genuss des zarten Aromas von Jinkoh zu kommen, bedarf es bei der Erhitzung der harzigen Holzstückchen größter Sorgfalt. Zu viel Hitze würde nämlich sofort den kostbaren Duft zerstören. Aus diesem Grund entwickelten die Japaner eine spezielle Technik des Räucherns. Folgendes ist dabei zu bedenken:

- Zwei Drittel des Räucherbechers mit japanischer Räucherasche füllen.

- Die zeremonielle Räucherkohle mithilfe von Metallstäbchen über einer Flamme erhitzen, bis sie vollständig grauweiß ist. Da diese geruch lose Kohle nicht selbstzündend ist, benötigt dieser Vorgang etwas Geduld!
- Die glühende Kohle in den Räucherbecher auf die Asche setzen und damit behäufen. Die Asche rundherum mit einem flachen Utensil kegelförmig festdrücken.
- In der Mitte mit einem Stäbchen bis zur Kohle hinunter ein „Loch" stechen. So entsteht eine Art „Vulkan", auf dessen Spitze wir als Hitzeschild ein Mica-Plättchen platzieren. Dieses spezielle, mit Silber umrandete Plättchen aus Mineralstein ist bei diesem Räucherritual unentbehrlich.
- Auf das Mica-Plättchen setzt man ein Stückchen Jinkoh, Sandelholz oder anderes hochwertiges Aromaholz, das etwa die Größe eines halben Reiskorns hat – genügend, um circa 30 Minuten lang köstlichen Duft zu verströmen.
- Der Räucherbecher wird auf die linke Handfläche gestellt, mit der rechten Hand etwas abgedeckt und vorsichtig an die Nase geführt. Drei- bis viermal ziehen wir genüsslich das feine Aroma ein, wobei man den Kopf beim Ausatmen immer beiseite dreht. Der Becher wird dann weitergereicht, indem man ihn vor dem nächsten Teilnehmer abstellt.

Wem die Handhabung des Räucherbechers zu kompliziert erscheint, der kann stattdessen ein Räucherstövchen verwenden, das speziell für diesen Vorgang entwickelt wurde. Es hat einen Einsatz für die Kohle und ein kleines Gitter, auf welches man das Aromaholz platziert.

Die vielfältigen Formen des Räucherns und Beduftens in Japan

Der Duft von **Aromahölzern** wird vor allem bei der japanischen *Koh-Do*-Zeremonie in seiner Reinform genossen. Nur wer den Duft von bestem Jinkoh einmal so erlebt hat, kann das Verzücken eines Japaners diesbezüglich verstehen.

Nerikoh, der **Pflaumenblüten-Duft**, ist eine der ältesten Arten von japanischem Räucherwerk. Diese kleinen **Duftkugeln** sollen das in Japan besonders geschätzte Aroma von lieblichen Pflaumenblüten heraufbeschwören. Nerikoh wird oft mit der Teezeremonie in Zusammenhang gebracht. Erlesene Zutaten wie Jinkoh, Sandelholz, Nardenwurzel, Benzoe und Patschuli werden in einem Mörser zusammen mit Kohlepulver und Pflaumenmus oder Honig zu einer zähen Masse geknetet, zu kleinen Kugeln geformt und zum langsamen Heranreifen in einem Steinkrug verwahrt. Um den Duft von Nerikoh freizusetzen, werden die Kugeln im Räucherbecher direkt auf den „Vulkan-Rand" in die heiße Asche gesetzt (oder man verwendet ein Räucherstövchen).

Granulatmischungen, genannt **Shokoh**, sind in den buddhistischen Tempeln als religiöses Ritual gebräuchlich. Eine Prise von dem feinen Granulat aus fünf bis sieben verschiedenen Räucherstoffen, über die glühende Kohle gestreut, soll reinigend wirken und die Meditation unterstützen.

Japanische Körperduftpulver sind eine exotische Alternative zum Sich-Parfümieren. Sie entwickeln durch die Erwärmung auf jeder Haut ein ganz individuelles Aroma. Der betörende Duft von Aromahölzern, Gewürzen und Kräutern wirkt ausgleichend und erhöht die Konzentrationsfähigkeit.

Sachets oder Duftsäckchen gelten in Japan als Glücksbringer und sind als Geschenke immer willkommen. Man kann sie im

Duftsäckchen sind mit würzigen Duftmischungen gefüllt und gelten als Glücksbringer.

Wohnraum aufhängen, in den Wäscheschrank oder unter das Kopfkissen legen. Sie sind mit würzigen Duftmischungen gefüllt und es gibt sie als Brokat-Säckchen oder in kunstvoll gefaltetem Papier verpackt.

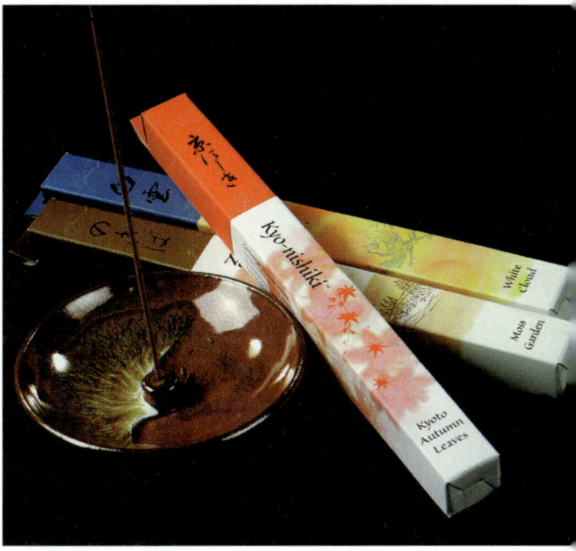

Japanische Räucherstäbchen und der dazugehörige Becher, in den man die Stäbchen zum Abbrennen steckt.

Japanische **Räucherstäbchen** sind von jeher beliebt, da einfach in ihrer Anwendung. Die fachgerechte traditionelle Herstellung erfordert dagegen eine besondere Fertigkeit. Der Anweisung des Räucherwerk-Meisters folgend, werden alle Zutaten nach überliefertem Rezept genaustens abgewogen und aufeinander abgestimmt. Dabei finden 20 bis 50 verschiedene Naturduftstoffe Verwendung. Wichtigste Ingredienzen sind unter anderem: Adlerholz (Jinkoh), Nardenwurzel, Benzoe, Kostuswurzel, Weihrauch, Borneo-Kampfer, Ingwerlilie, Patschuli, Zimt und natürlich Sandelholz, welches mit seinem zarten Aroma als Basis fast aller Räucher-mischungen dient.

Die Zutaten werden schonend zu feinem Pulver zermahlen, gesiebt und trocken vermischt. Anschließend wird alles mit heißem Wasser zu einem „Teig“ verknetet. Da die japanischen Räucherstäbchen kein Trägerholz haben, liegt eine der Schwierigkeiten darin, eine Duftmasse herzustellen, welche die richtige Konsistenz hat. Zu locker – und die Stäbchen zerbröseln; zu kompakt – und die Glut erlischt; beim Mahlprozess versehentlich zu sehr erhitzt – und der Duft verfliegt! Es ist erstaunlich, zu

Es ist eine große Kunst, aus unzähligen Ingredienzen nach traditionellen Rezepten die Räucherstäbchen herzustellen.

Natürlich kann man auch Räucherkegel verwenden. Sie sind nicht so zerbrechlich und eignen sich deshalb besonders für weite Transportstrecken (Abb. oben). Es gibt auch gepresstes Räucherwerk (Abb. unten).

sehen, wie diese Duftmasse anschließend durch kleine Löcher gepresst wird. Die so entstandenen spaghettiähnlichen Stäbchen werden dann zum langsamen Trocknen auf Bambusgitter gelegt. Erst im gut durchgetrockneten Zustand werden sie von Hand verlesen, eingerollt und verpackt. Wenn die Räucherstäbchen kühl und trocken gelagert werden, verfliegt ihr Duft nicht. Das Aroma wird mit den Jahren abgerundeter und voller, was ihre Naturreinheit bezeugt.

Räucherkegel haben gegenüber Stäbchen den Vorteil, weniger zerbrechlich zu sein. Sie wurden aus diesem Grund speziell für den Export gefertigt, um den Transport der Ware zu erleichtern.

Gepresstes Räucherwerk ist in den letzten Jahren von einer bekannten Manufaktur neu entwickelt worden und stellt eine ganz moderne Variante dar. Die Räuchermasse kann zu interessanten Formen gepresst werden, ein Prozess, welcher durch die maschinelle Fertigungstechnik kostengünstiger ist.

Sanshu-koh – das „Spiel der drei Düfte“

Dieses bekannte japanische Räucherduft-Spiel ist einfach nachzuvollziehen. Die teilnehmenden Personen sollten möglichst alles vermeiden, was die Geruchsnerven beeinflussen könnten, z. B. stark gewürzte Speisen, Zigaretten oder Deodorant und Parfüm. Auch ein duftender Blumenstrauß im Zimmer ist unangebracht. Zur Begrüßung kann der Gastgeber einen japanischen Grüntee servieren. Er wirkt anregend und hilft, die Sinne zu öffnen. Traditionsgemäß herrscht meditative Stille und höchste Konzentration, doch die sanften Klänge des japanischen Flötenspiels können die Stimmung stilvoll untermalen. Idealerweise nehmen fünf bis zehn Personen teil. Die Spieldauer sollte ca. eine Stunde betragen.

Kostbares Jinkoh (Adlerholz) in Chips

Sie benötigen nun für Sanshu-koh die folgenden Artikel:

- drei hochwertige Aromaholzsorten (vorzugsweise drei verschiedene Güteklassen von Jinkoh, eventuell kann auch ein Sandelholz dabei sein)
- einen mit Asche gefüllten Räucherbecher
- spezielle zeremonielle Räucherkohle
- zwei Mica-Plättchen als Hitzeschild
- ein *Koh-Do*-Zeremonie-Besteck (oder ähnliche Utensilien)
- für jeden Spieler ein kleines Blatt Papier und einen Schreibstift
- neun Einwickelblätter für die Aromahölzer (ein DIN-A4-Blatt, quer und längs gedrittelt).

Vorbereitung:

- Von jeder der drei Aromaholzsorten sollten jeweils drei gleich große Stückchen vorliegen: dreimal Duft Nr. 1, dreimal Duft Nr. 2, dreimal Duft Nr. 3. Das macht insgesamt neun Stückchen Aromaholz, jeweils von der Größe eines halben Reiskorns.
- Die Einwickelblätter werden innen an einer Ecke mit der Nummer des jeweiligen Duftes gekennzeichnet und die Nummern werden durch Umknicken versteckt.
- Die neun Holzstückchen werden einzeln in das entsprechende Papier eingewickelt – zweimal der Länge nach falten und den Streifen in Drittel einschlagen, damit neun identische Briefchen entstehen:

Spielablauf:

- Die neun Briefchen, die genau gleich aussehen, werden vom Zeremoniemeister gemischt und der Ehrengast darf drei „ziehen“. Nicht einmal der Meister weiß, welche Aromaholzsorten darin verborgen sind. (Die übrigen sechs Briefchen werden beiseite gelegt).
- Der Meister bereitet den Räucherbecher vor.
- Das erste Briefchen wird geöffnet und das Aromaholz auf das Mica-Plättchen gelegt. Der Meister kontrolliert den Duft und führt damit gleichzeitig den Gästen vor, wie man dem Duft „lauscht“. Dann wandert der Räucherbecher reihum von Spieler zu Spieler. Jede

Aromaholzsorte kann mehrere Male die Runde machen. Die Spieler versuchen sich den Duft gut einzuprägen.

- Die drei Aromahölzer werden auf diese Weise nacheinander erhitzt und herumgereicht. Ziel der Spieler ist, zu erkennen, ob die Düfte identisch oder verschieden sind. Der Meister kann mitspielen, denn selbst er kennt noch nicht die Lösung.

Aufschreiben der Lösung:

Für jeden Duft malen die Spieler einen senkrechten Strich. Identische Düfte werden oben zusätzlich mit einem Querbalken verbunden. (Wichtig: Man schreibt traditionsgemäß von rechts nach links.) Das ergibt die folgenden fünf Möglichkeiten:

	Duft 3 2 1
Wenn alle drei Düfte verschieden sind:	
Wenn alle drei Düfte gleich sind:	
Nr. 1 + 2 sind gleich, Nr. 3 verschieden:	
Nr. 1 + 3 sind gleich, Nr. 2 verschieden:	
Nr. 2 + 3 sind gleich, Nr. 1 verschieden:	

Um die anderen Spieler nicht zu beeinflussen, sollte man sein Blatt stets verdeckt halten. Ganz am Ende verrät der Meister anhand der Einwickelblätter die Lösung und malt zum Vergleich die richtige Duftfolge auf. Es gibt jedoch keine so genannten „Verlierer“, denn bei den japanischen Räucherduft-Spielen geht es um das gemeinsame Erleben und Genießen exquisiter Düfte. Das unbedingt „Gewinnen-Wollen“ entspricht daher nicht diesem Spielgeist.

Bezugsquelle für japanisches Räucherwerk und Zubehör: Shoyeido

Geheimnisvolle Düfte aus Indien und Tibet

In Indien und Tibet hat Räuchern ebenfalls eine sehr lange Tradition. Das verwundert kaum, wenn man weiß, dass Indien durch seine vielen verschiedenen Klimazonen auch eine reichhaltige und abwechslungsreiche Flora hat. Viele der bekannten Räucherstoffe wachsen hier, wie zum Beispiel Jasmin, Patschuli, Sandelholz und Vetiver.

Bereits in der indischen mythologischen Dichtung gibt es Hinweise auf Räucherungen als Gabe für die Götter. Demzufolge wird auch heute noch den hinduistischen Göttern Schiwa, Brahma und Wischnu zu Ehren täglich ein Räuchergefäß mit Reis und wohlriechendem Duft vor die Haustür gestellt – meistens in Form eines Räucherstäbchens. Indische Räuchergefäße gibt es von der einfachen Schale bis hin zum kleinen Tempel. Wer sich kein Gefäß leisten kann, räuchert auf getrocknetem Kuhmist. Kühe sind in Indien heilig, Kuhmist ist demzufolge für Räucherungen durchaus „standesgemäß".

Auch in Liebesdingen schätzt man in Indien die Kraft der Düfte. Besonders anregend und stimulierend sowie für erotische Massagen geeignet sind hier Mischungen aus Aloeholz, Benzoe, Kardamom, Nelken, Sandelholz und Weihrauch. Im Kamasutra, dem indischen Buch der Liebe, sind Düfte unverzichtbarer Bestandteil einer gelungenen Verführung. Auch der Einsatz von Düften bei Verbrennungen gehört zur indischen Tradition. Der Rauch soll die Seele des Verstorbenen bis zu dessen Wiedergeburt begleiten. Für die Angehörigen bedeutet der Rauch Trost und Beistand in der Trauer.

Der Himalaja – ein 2500 km langes Gebirge mit schneebedeckten Hängen und dem höchsten Gipfel der Welt – gilt für seine Bewohner als Sitz der Götter. Die Bewohner dieser Region haben ein ganz besonders ausgeprägtes Verhältnis zur Spiritualität. An den Südhängen des Himalaja findet man Galgant, Ingwer, Kostus und die Himalajazeder; an den Nord-

hängen wachsen Beifuß, Zwergwacholder und Disteln. Im Lawudotal am Fuß des Mount Everest wird eine Kräutermischung gesammelt, die die Einwohner gegen Krankheiten des Geistes und der Seele verräuchern.

Bezugsquelle: Die Himalaja-Mischung Lawudo gibt es bei La Florina.

Zu Anfang waren Räucherungen im Buddhismus verboten, da keine weltlichen Genüsse erlaubt sind. Doch mit der Zeit begannen auch die Jünger Buddhas zu räuchern. Der Duft von Räucherwerk gehört heute zu allen buddhistischen Ritualen, zum Beispiel zur Mönchsinitiation sowie zu den täglichen Kloster- und Tempelräucherungen und Meditationsübungen. Der Rauch soll beruhigend auf die Mönche wirken und sogar ihre Gedanken und Gebete mit sich nehmen. Durch die Räucherungen sollen außerdem die guten Geister und Schutzgottheiten angerufen werden. Darüber hinaus dient der Rauch auch zum Fernhalten von lästigen Insekten.

Der Hauptzweck des Räucherns bei den Buddhisten ist jedoch, den Geist und die Sinne frei zu machen von störendem irdischem Ballast und weltlichen Gefühlen wie Hass und Neid, sodass sie dem reinen Zustand Buddhas näher kommen. Auch bei buddhistischen Taufen, Austreibungen und Verbrennungszeremonien werden Räucherstoffe verwendet. Außerdem räuchern alle Gläubigen täglich, um den Schutz Buddhas und der Geister zu erlangen und die eigene Gesundheit zu erhalten. Traditionell kennt man im Buddhismus folgende Räucherstoffe: Aloeholz (Adlerholz), Arjuna, Asant, Benzoe, Gewürznelken, Ingwerlilie, Kardamom, Muskatnuss, Pinienholz, Sandelholz, Zeder und Zimt.

Ayurvedische Hölzer und Räucherkräuter

Die indische Heilkunde (Ayurveda) heißt übersetzt so viel wie „Lehre vom langen Leben". Sie befasst sich mit dem menschlichen Sein in all seinen Aspekten. Im Gegensatz zu unserer Schulmedizin gehen die ayurvedischen Heiler davon aus, dass eine Krankheit durch ein Ungleichgewicht der Energien im Körper zustande kommt. Es gilt daher, nicht die Symptome der Krankheit zu bekämpfen, sondern das Gleichgewicht der Kräfte im Organismus wiederherzustellen. Eines der wichtigsten Heilkräuter der ayurvedischen Medizin ist das Sandelholz. Die Inder bezeichnen es als Symbol des Lebens, weil es nicht von Termiten zerfressen wird. Sandelholz gilt zum Beispiel als wirksam bei Atemwegs-, Blasen- und Nierenerkrankungen. In Pulverform, mit Rosenwasser vermischt, hilft es bei Insektenstichen, Entzündungen, Ekzemen, Hautproblemen und Blutungen. Als Räucherstoff wirkt Sandelholz schmerzlindernd und antibakteriell. Weitere wichtige Räucherstoffe des Ayurveda sind:

Benzoe (Styrax tonkinensis, Styrax benzoin)

Hierbei handelt es sich um das Harz des Benzoebaumes, eines Vertreters der Styraxgewächse. Gelbweißes Benzoe Siam *(Styrax tonkinensis)* kommt aus Hinterindien, es ist süß und stark im Duft und gilt als das teurere und edlere; in Indochina und Indonesien findet man rot- bis dunkelbraunes Benzoeharz Sumatra *(Styrax benzoin)*, das ein weniger süßes Aroma entwickelt und billiger ist. Das Harz stammt aus der verletzten Rinde des Baumes. Beim Räuchern entwickelt sich ein feiner Vanilleton – Benzoe enthält Vanillin –, der eine angenehme Atmosphäre schafft. Benzoe ist für alle Räucherungen geeignet, die trösten, lindern, heilen und besänftigen sollen. Der balsamische Duft regt zum Nachdenken an und hilft, „zur Besinnung zu kommen". Benzoe sollte nur mit anderen Stoffen zusammen verräuchert werden, da sich am Anfang ein beißender Rauch entwickelt, der erst später dem Vanilleduft Platz macht. Geeignet sind Lavendel, Sandelholz, Patschuli und Rosenblüten.

Bezugsquellen: Fred Wollner, Isis-Urania, Secret Emotion Kosmetik, La Florina, Berk Esoterik, farfalla

Ceylonzimt (Cinnamomum ceylanicum)

Bei Ceylonzimt handelt es sich um die Rinde der jungen Sprosse des Zimtbaumes. Wie der Name sagt, kommt diese Zimtart aus Ceylon, dem heutigen Sri Lanka, ist aber heute auch in Indien heimisch. Wir kennen Zimt vor allem als aromatisches Gewürz. Die dünn abgeschälte und getrocknete Rinde wird zu feinen Stangen gerollt oder zu Pulver zermahlen. Weltweit ist Zimt jedoch schon seit dem dritten vorchristlichen Jahrtausend als Heilmittel und Räucherware bekannt. Die ayurvedische Heilkunst wendet Zimt innerlich bei Magen-Darm-Beschwerden, Übelkeit, Erbrechen und äußerlich (Zimtrauch) als Wundheilmittel an. Zum Räuchern wird das gemahlene Pulver verwendet, das auch in Räucherstäbchen vorkommt. Der Duft der Zimtrinde ist angenehm, warm und weich, er soll sexuell stimulierend wirken. Bei Anspannung, Angst und Nervosität hat Zimt eine entkrampfende, entspannende, beruhigende Wirkung.

Bezugsquellen: La Florina, Gewürzhandel

Dammar (Canarium strictum)

Dammar ist ein Sammelbegriff für die Harze verschiedener Bäume, die unter anderem in Indien und Südostasien wachsen. Dammarbäume bilden dort große Wälder. Das Harz gibt es von hellgelb bis rötlich braun und in unterschiedlichen Qualitäten. Dammarharz wird heute wegen seiner Licht brechenden Eigenschaften in der Farben- und Fotoindustrie verwendet, außerdem bei der Parfumherstellung. In der malaiischen Sprache bedeutet Dammar „Licht“. Der Name kommt nicht von ungefähr. Beim Räuchern wirkt Dammarharz auch ähnlich wie Licht: Es hellt die Stimmung auf, macht traurige und depressive Gemüter wieder froh und unbeschwert. Manche sagen, Dammarrauch mache hellsichtig und lasse Engel erscheinen. Sein Duft ist frisch und klar und leicht zitronig.

Bezugsquellen: La Florina, Fred Wollner, Secret Emotion Kosmetik, Berk Esoterik

Drachenblut (Daemenorops draco)

Drachenblut heißt das rötliche Harz der Drachenblutbäume, die in Hinterindien, Indonesien, Afrika und Südamerika vorkommen. In vergangener Zeit hielt man das Harz tatsächlich für das Blut von Drachen; es gibt auch Darstellungen, die zeigen, wie in den Früchten Drachen heranwachsen. Das Harz tritt zwischen den Schuppen aus, die die Früchte der Palme umgeben. In den Handel kommt Drachenblutharz in Form von Stangen. Drachenblut wurde gerne bei rituellen Schutz- oder Opferräucherungen, auch bei exorzistischen Ritualen verwendet. Es sollte nicht allein verräuchert werden; der Rauch ist zu stark. In Räuchermischungen entfaltet es einen würzigen, harzigen Geruch. Es wirkt reinigend, klärend und potenzfördernd.

Bezugsquellen: Berk Esoterik, La Florina, Isis-Urania, Fred Wollner

Elemi (Canarium luzonicum)

Als Elemi werden die Harze von verschiedenen Balsambaumarten bezeichnet. Ihre Heimat liegt in Asien; heute wird Elemi vorwiegend von Elemibäumen auf den Philippinen gewonnen. Das Harz entströmt der Rinde, wenn man sie einritzt. Es bleibt zäh und flüssig und sollte zum Räuchern in einer Mischung gut mit den anderen Stoffen vermischt werden. Am besten mischt man es mit Mastix, Citronella und Süßgras. Es kann aber auch allein verräuchert werden; dann wirkt es besonders anregend auf die geistigen Kräfte. Es hellt die Stimmung auf, lässt neue Hoffnung aufkommen und ist gut für Erneuerungszeremonien geeignet. Beim Räuchern entwickelt Elemi einen sehr frischen, klaren, reinigenden Geruch – ideal als Begleitduft für morgendliche Yogaübungen und Meditationssitzungen. Es aktiviert die Chakren.

Bezugsquellen: Berk Esoterik, Fred Wollner, La Florina

Guggul (Commiphora mukul)

In Europa ist Guggul als falsche Myrrhe bekannt. Es handelt sich um das Harz des kleinen dornigen Guggulstrauches, der vor allem in Indien und Pakistan wild wächst. Das milchweiße Harz wird durch Einritzen der Rinde gewonnen. Guggul wird auch als der Weihrauch Indiens bezeichnet, denn es wird für Opferräucherungen in Tempeln und auf den Hausaltären verwendet. Besondere Anwendung findet Guggul in der ayurvedischen Heilkunst, wo es vielfältig eingesetzt wird: zum Beispiel bei Atemwegserkrankungen, Ischias, Rheuma und Arthritis, zur Stärkung der Gebärmutter und bei Nervosität. Als Salbe verordnet man Guggul bei Entzündungen, Knochenbrüchen und zum Entwässern des Gewebes. In der tibetischen Medizin verwendet man Guggulharz bei Hauterkrankungen und bakteriellen inneren Vergiftungen, für die man böse Geister verantwortlich macht. Guggulrauch hat ein angenehmes, süßes Aroma, das ein bisschen an Myrrhe erinnert. Er ist gut bei Erkrankungen der Atemwege und zur Reinigung und Kräftigung des Körpers. Atmosphärisch wirkt er klärend und reinigend und ist daher bei Meditationen begleitend zu empfehlen. Außerdem verbreitet er bei Liebesbegegnungen sinnliche Stimmung und bereitet den Geist auf einen geruhsamen Schlaf vor.

Bezugsquellen: La Florina, Berk Esoterik

Patschuli (Pogostemon cablin)

Patschuliduft kennen wir als Parfümöl. Das stark duftende ätherische Öl ist in den Blättern der in China, Sri Lanka, Indonesien und auf den Philippinen heimischen Patschulipflanze enthalten. Zum Räuchern wird das Kraut fermentiert und getrocknet. Es eignet sich sehr gut als Zutat für spezielle Räuchermischungen mit Guggul, Sandelholz und Vetiver. Patschuli rundet die süßlichen Düfte mit seiner schweren, erdigen, leicht holzigen Note exzellent ab. Es schafft eine sinnliche Atmosphäre und ist daher als Einstimmung für Liebesbegegnungen gut geeignet. Auf feinstofflicher Ebene hilft Patschulirauch bei Angst und Unsicherheit; er stellt die Verbindung zur Erde und den Kräften der Natur her und stabilisiert das innere Gleichgewicht.

Bezugsquellen: La Florina, Isis-Urania, farfalla, Fred Wollner

Vetiver (Vetiveria zizanioides)

Vetiver gehört zu den Süßgräsern. Es wächst in Asien und wird dort bis zu 1 m hoch. Zum Räuchern werden getrocknete Wurzelteile verwendet. Ähnlich wie Patschuli entfaltet Vetiver beim Räuchern einen schweren, erdigen Geruch, der erotisierend wirken kann. Wie sein Verwandter, das Süßgras der Indianer, ist auch Vetiver für Räucherungen geeignet, in

Chakrenräucherung

Die Chakren sind nach indischem Glauben Punkte am menschlichen Körper, wo sich Energiezentren befinden. Kosmische Energie dringt an diesen Punkten in den Körper ein und verlässt ihn wieder. Auch die eigenen Energien konzentrieren sich hier.

Der Mensch besitzt sieben solcher Chakren. Sie befinden sich auf einer Linie an der Wirbelsäule, beginnen mit dem Basis- oder Wurzelchakra und enden beim Scheitelchakra. Bei einer Meditation werden die Chakren aktiviert, damit die Energien und Kräfte ungehindert fließen können; denn viele körperliche und seelische Störungen sind auf Blockaden innerhalb der Energieströme zurückzuführen. Beginnen Sie mit der Räucherung für das Basischakra. Der Rauch sollte die entsprechende Körperstelle berühren. Atmen Sie tief durch, versuchen Sie die Energie zu spüren. Führen Sie dasselbe mit dem nächsten Chakra durch.

Für jedes Chakra gibt es geeignete Räuchermischungen:

- **Basischakra:** *Aloeholz, Copal, Dammar, Eichenmoos, Kampfer, Moschus, Myrrhe, Narde, Nelke, Patschuli, Sandelholz, Weihrauch, Zeder, Zistrose*
- **Unterbauchchakra:** *Angelikawurzel, Benzoe, Drachenblut, Myrrhe, Rosenholz, Sandelholz, Styrax, Tolu, Weihrauch*
- **Oberbauchchakra:** *Benzoe, Immortelle, Kamille, Lavendel, Melisse, Nelke, Rosmarin, Sandelholz, Weihrauch, Zimt, Zistrose*
- **Herzchakra:** *Copaivabalsam, Iriswurzel, Melisse, Myrte, Nelke, Perubalsam, Rose, Sandelholz, Weihrauch, Zimt*
- **Halschakra:** *Benzoe, Eukalyptus, Lavendel, Lorbeer, Mastix, Salbei, Sandelholz, Weihrauch*
- **Stirnchakra:** *Aloeholz, Basilikum, Immortelle, Jasmin, Kampfer, Mastix, Pfefferminze, Rosmarin, Sandelholz, Wacholder*
- **Scheitelzentrum:** *Copal, Myrrhe, Sandelholz, Weihrauch*

denen es um den Sinn des Lebens geht. Der Rauch zeigt uns den Weg zum Wesentlichen. In Räuchermischungen passt Vetiver gut zu Eichenmoos, Benzoe, Myrrhe, Weihrauch, Sandelholz und Labdanum.

Bezugsquellen: Secret Emotion Kosmetik, farfalla, Isis-Urania (Khushwurzel)

Tibetische Räucherkräuter

Galgant (Alpinia officinarum)

Galgant zählt zur Familie der Ingwergewächse. Die Pflanze wächst am Südhang des Himalajagebirges und wird etwa 2 m hoch. Mittlerweile wird sie auch in Thailand, Indien und Südchina angebaut. Im Altertum schätzte man das Kraut in Ägypten, Mesopotamien und Griechenland. Später kam es durch arabische Heilkundige nach Deutschland, wo die Benediktinerin Hildegard von Bingen auf den Galgant aufmerksam wurde. Sie erwähnt ihn in ihrem Pflanzenkundebuch als wirksames Heilmittel bei Herzerkrankungen und verschiedenen Schmerzarten. Die Pflanze komme von Gott selbst und sei die „Würze des Lebens". Noch heute ist Galgant Zutat des „Klosterfrau Melissengeist". Auch die tibetische und ayurvedische Medizin kennt Galgant als heilsame Pflanze, deren Rauch bei Bronchial- und Lungenerkrankungen sowie Rheuma verordnet wird.

Zum Räuchern werden die getrockneten Wurzeln verwendet. Galgant entfaltet einen stechenden, würzigen Geruch. Auf die Psyche wirkt er reinigend; er stärkt, regt an, fördert die Lebensgeister und ist geeignet, um die Verhältnisse zu klären und unseren Standpunkt im Leben zu hinterfragen oder zu festigen. In Mischungen mit Kampfer, Weihrauch, Myrrhe oder Mastix werden die Wirkungen von Galgant verstärkt.

Bezugsquellen: Secret Emotion Kosmetik, La Florina, Isis-Urania

Ingwerlilie (Hedychium spicatum)

Wie Galgant gehört auch die Ingwerlilie zu den Ingwergewächsen. Sie wächst in den Höhen des Himalaja; in Nepal kennt man über 30 verschiedene Arten. Man findet sie dort bis in Höhen von 3000 m. Als Räucherstoff werden ihre Wurzeln getrocknet und pulverisiert. Die Ingwerlilie wird meist in Mischungen verwendet, die in Indien zu Räucherstäbchen verarbeitet werden. Ihr Duft ist leicht und süßlich, an Veilchen erinnernd. Man spricht ihm nerven- und seelenstärkende Eigenschaften zu.

Bezugsquellen: Berk Esoterik, farfalla, Prana

Kostus (Sassurea lappa)

Eine weitere Pflanze aus dem Himalajagebiet – genauer gesagt aus den Talregionen um Kaschmir – ist die Kostuswurzel, die zur Familie der Korbblütler gehört. Sie wächst dort wild und wird bis zu 4 m hoch. Ihr Aussehen und die Blüten sind einer Distel ähnlich. Kostus war schon sehr früh auch in Arabien und China bekannt; sein Ruf als bewährtes Heilmittel breitete sich von Indien bis nach Rom aus.

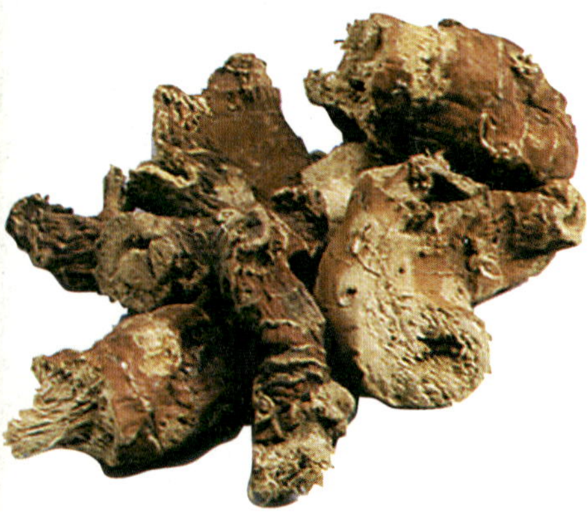

In den arabischen Ländern und in der ayurvedischen Medizin verwendet man die Kostuswurzel für sinnlich-erotische Räucherungen und als Aphrodisiakum. Die Tibeter empfehlen eine Kostusräucherung bei labiler und schwacher Psyche. Beim Räuchern entfaltet Kostus einen erdig-holzigen, aber sinnlich-animalischen Geruch. Die Wurzel wirkt nicht nur positiv auf die Sinne und entspannt Körper und Geist, sondern schenkt auch neue Kraft.

Bezugsquelle: La Florina

Asant (Ferula asafoetida)

Den Beschreibungen im klassischen Ayurveda und in tibetischen Texten zufolge kommt der Asant fast an eine Wunderdroge heran. In der Räucherheilkunde gilt Asant als nervenstärkendes Mittel bei Angst, Nervosität und Panikzuständen; in der ayurvedischen und tibetischen Medizin verwendet man ihn als Heilmittel bei Geisteskrankheiten, aber auch als Aphrodisiakum. Das Harz dieser Pflanze, die bei uns auch unter dem Namen „Stinkasant" oder „Teufelsdreck" bekannt ist, verströmt einen knoblauchartigen, stechenden Geruch und sollte daher beim Räuchern mit anderen Stoffen vermischt werden.

Bezugsquellen: Isis-Urania, Prana (als Bestandteil einer Mischung); außerdem in Asien-Shops und bei Spezialversänden für asiatische Lebensmittel

Muskatnuss (Myristica fragrans)

Die Muskatnuss gilt in der tibetischen Heilkunde als effektives Mittel zur Regulierung des lebenserhaltenden Windes. Bei Räucherungen sollte man sie vorsichtig dosieren (am besten mit anderen Räucherstoffen vermischt), da sie in zu hoher Dosis Kopfschmerzen und Übelkeit verursachen kann. Ganz sollte man jedoch nicht auf sie verzichten, denn sie fördert Visionen und hellseherische Fähigkeiten. Sie eignet sich sehr gut als Bestandteil einer Wahrsage-Räuchermischung.

Bezugsquellen: Gewürzhandel; Prana (als Bestandteil einer Mischung)

Kardamom (Elettaria cardamomum)

Dieses in Indien und Tibet sehr beliebte Gewürz verströmt beim Räuchern einen süßlich-pikanten, exotischen Duft. Kardamom-Rauch hat eine appetitanregende, belebende und stimmungsaufhellende Wirkung.

Bezugsquelle: Secret Emotion Kosmetik; Gewürzhandel

Tibetische Räuchermischungen

Von der Firma Prana gibt es Räuchermischungen, deren Originalrezepturen größtenteils altindisch-ayurvedischen Quellen entstammen, die in Tibet bewahrt und weiterentwickelt wurden. Da die Wirksamkeit der Heilkräuter und Pflanzen durch Kultivierung gemindert wird, wurden Familien im nordindischen Himalajagebiet darin unterwiesen, die Kräuter in ihrer natürlichen Umgebung zu sammeln. Die Mischungen liegen in Form von Räucherstäbchen vor:

- **Di Zhim** („guter Duft"): ein reiner, kräftiger Wacholderduft, der an Szenen in Tibet erinnert, wo noch heute die Räucheröfen vielerorts an der Straße, auf den Dächern oder vor dem Tempel stehen. Dort werden die Wacholderzweige dem Feuer übergeben, sodass der Wohlgeruch in dicken Schwaden zum Himmel aufsteigt. Dieser kräftige Ge-

Meditationsräucherungen

Meditationen sind eine wunderbare Gelegenheit, um abzuschalten und den Blick ins eigene Innere zu wenden. Am besten meditiert man zu Hause an einem stillen Ort, der eventuell mit einer Art Meditationsecke ausgestattet ist, abgeschirmt von allen äußeren Einflüssen.

- *Zünden Sie im Raum eine oder mehrere Kerzen an, löschen Sie das Licht oder schließen Sie die Vorhänge.*
- *Verwenden Sie zum Räuchern Räucherstäbchen oder Räucherspiralen. Sie duften sehr intensiv, entwickeln nicht zu viel Rauch und verbrennen nicht so schnell wie Räucherwerk auf Kohle, das dann unter Umständen neu aufgelegt werden muss. (Empfehlungen für geeignete Räucherstäbchen finden Sie im Abschnitt „Tibetische Räuchermischungen".)*
- *Entzünden Sie das Räucherstäbchen an einer der Kerzen, dann pusten Sie die Flamme an der Spitze des Räucherstäbchens wieder aus oder wedeln sie mit kreisenden Handbewegungen aus. Das Stäbchen glüht dann. Stellen Sie es nun in ein gereinigtes Räuchergefäß mit Sand.*

ruch hat eine sehr reinigende Wirkung auf das Gemüt – entsprechend der schamanistischen Auffassung auch auf die Atmosphäre um uns und die sich dort aufhaltenden Geistwesen.

- **Lotus:** ein traditionelles tibetisches Räucherwerk, das auf die ältesten Quellen tibetischer Herkunft zurückgeht. Es enthält von spirituellen Lehrern gesegnete Kräuter in so wohlriechender Zusammensetzung, dass es als rituelle Opfergabe eingesetzt wird. Außerdem verwendet man es zur Unterstützung von Heilungsprozessen. Es enthält einen Extrakt des blauen Himalajalotus – ein Symbol für die Erleuchtung.
- **Buddha Meditation:** Dieses Räucherwerk geht in seiner Rezeptur auf den buddhistischen Arzt und Lehrer Nagarjuna aus dem 2. Jahrhundert zurück. Nagarjuna war einer der großen Philosophen im Buddhismus und beeinflusst die tibetischen Traditionen, hauptsächlich die des Dalai Lama, noch bis heute. Daneben war er Arzt, Naturwissen-

- *Vor der Meditation können Gegenstände oder Bilder im Raum mit dem Rauch geweiht werden, indem man das Räucherwerk kurz darunter hält, sodass der Rauch zu dem ausgewählten Objekt aufsteigt.*
- *Sie haben jetzt genügend Zeit für Ihre Meditationsübung, während der Duft des Räucherstäbchens Ihren Körper immer weiter, immer nachhaltiger entspannt, Ihre Gedanken von störenden Einflüssen befreit und Sie für den Kontakt mit den Tiefen des Unterbewussten öffnet. Der Rauch, der langsam nach oben steigt, symbolisiert dabei die Gedanken und Gefühle, die während der Meditation aufsteigen werden. Seien Sie ganz offen und nehmen Sie die Botschaften in sich auf, ohne sich mit ihnen auseinander zu setzen.*
- *Nach Beendigung der Meditation sollte man die Atmosphäre im Raum von negativen Energien, die während der Übung frei geworden sind, reinigen und dazu noch ein Räucherstäbchen anzünden. Öffnen Sie dabei das Fenster, damit die Energien nach außen ziehen können.*

schaftler, Sprachforscher und Alchimist. Aus seiner Hand stammt die Urrezeptur Nagarjuna 27, welche wie kein zweites Räucherwerk geeignet ist, während der Meditation einen Zustand der Stabilität herbeizuführen. Das Räucherstäbchen wird entweder vor oder während der Meditation angezündet und enthält von spirituellen Lehrern gesegnete Kräuter und Wurzeln aus dem Himalaja zur Erweckung von Weisheit, Frieden und Harmonie. Im Duft ist es dezent warm und in seiner Komposition darauf ausgerichtet, spirituelle Heilung zu unterstützen.

- **Asafoetida:** eine beruhigende und stärkende Kräuterkomposition, die neben dem Hauptbestandteil Asant 27 weitere Kräuter, Wurzeln und Hölzer aus den hohen Regionen des Himalaja enthält. Im Rahmen der tibetischen Heilkunde wirkt Asafoetida gleichermaßen beruhigend und ausgleichend auf das Wind- und Nervensystem wie auch verjüngend auf den Körper. Es wird hauptsächlich in Zeiten geistiger Anspannung eingesetzt.
- **Aquillaria agallocha:** eine der effektivsten Räucherkompositionen zur ausgleichenden Behandlung stressbedingter Symptome und eines der am häufigsten eingesetzten Räucherwerke in der tibetischen Heilkunde. Die Einnahme erfolgt entweder über den Duft oder aber zerrieben und mit einem wärmenden Öl (Walnuss oder Aprikose) vermischt und dann auf die Haut eingerieben. So wirkt Aquillaria agallocha entweder besänftigend auf den Geist oder über die Massage tiefenentspannend. Im Duft überwiegen Hölzer mit kräftigem Aroma. Der Hauptwirkstoff Aquillaria agallocha ist ein Teil des Aloebaumes (Aloeholz, Adlerholz), der im Himalaja wächst. In Japan wird die edelste Sorte dieses Holzes teurer als Gold gehandelt.
- **Nirvana:** Dieses traditionelle tibetische Räucherwerk wird vor allem während der Meditation eingesetzt. Im Duft dezent würzig, verbreitet es eine friedvolle Atmosphäre. In seiner Komposition wirkt es entspannend und klärend auf den Geist.
- **Mandala Heilung:** Dieses Räucherwerk wirkt reinigend auf Geist und Raum. Es enthält als Hauptbestandteile Aloeholz, Rhododendron und

Wacholder und ist darauf ausgerichtet, eine wohltuende, geklärte Atmosphäre im Raum aufzubauen.

- **Dolma:** Dieses dezent aromatische Räucherwerk wird als rituelle Opfergabe eingesetzt, ist aber auch in Reinigungs- und Heilungsprozessen wirksam.
  Bezugsquelle: Prana

Planeten- und Sternzeichenräucherungen

Schon in den frühen Hochkulturen beschäftigten sich die Menschen mit Planeten und Sternen, ordneten ihnen bestimmte Einflüsse auf das Menschenleben zu und gaben ihnen symbolisch Namen von Göttern: Venus, Mars, Uranus, Pluto, Jupiter, Merkur. Keine wichtige Entscheidung wurde getroffen, ohne dass nicht vorher mit einer Planetenräucherung der Rat der Götter eingeholt wurde. Die Sternzeichen sind den vier Elementen Erde, Wasser, Feuer, Luft zugeordnet; für jedes Sternzeichen gibt es bestimmte Räucherstoffe. So kann sich jeder die für ihn beste Räuchermischung zusammenstellen. Planeten- und Sternzeichenräucherungen helfen, wenn sie einfühlsam und ernsthaft betrieben werden, die eigenen Anlagen, Fähigkeiten und Charaktereigenschaften zu erkennen und zu fördern: Die verwendeten Räucherstoffe treten zu den feinstofflichen Energien des Menschen in Verbindung und aktivieren sie.

Planetenräucherungen

Sonne

Die Sonne galt und gilt in allen Kulturen als Symbol des Lichts und der Wärme, als Leben spendendes Urprinzip und Mittelpunkt allen Seins. Auf menschliche Verhältnisse übertragen verkörpert sie Selbstbewusstsein, Autorität, Großzügigkeit und Verantwortungsbewusstsein – oder negativ Arroganz, Egozentrik und Eigenliebe. Sie schenkt Kraft und Energie. Bei Sonnen-Räucherungen begibt man sich in die Mitte des Selbst, spürt das eigene Ich, die eigene Individualität und Stärke.

Geeignete Räucherkräuter sind: Alant, Eisenkraut, Kamille, Lavendel, Myrrhe, Orangenschale und -blüte, Ringelblume, Rosmarin, Sonnenblume, Thymian, Weihrauch, Zimt, Zitronenschale

Mond

Der Mond verkörpert das weibliche, intuitive Prinzip, aber auch Naturgewalt, Magie und verborgene Kräfte. Er ist der Gegenpol der Sonne. Die Kraft des Mondes bestimmt viele Rhythmen in der Natur, besonders Empfängnis, Schwangerschaft, Geburt und Tod. Er hat Einfluss auf unser Unbewusstes – jenen Teil unserer Seele, der im Verborgenen liegt.

Bei den Mond-Räucherungen wird die weibliche Seite im Menschen angesprochen: der instinktive, aufnehmende Teil in uns, der die Dinge geschehen lässt, wie sie vorbestimmt sind. Der Rauch fördert Fantasie, Lernbereitschaft und die Fähigkeit, Vertrauen zu haben und loslassen zu können.

Geeignete Räucherkräuter sind: Alant, Aloe, Guajak, Kampfer, Ingwer, Jasminblüte, Mohnblüte, Muskatnuss, Rosenblüte, Tonkabohne, Ysop, Zimt

Venus

Die Venus ist der Schönheit, Liebe, Weiblichkeit, dem Streben nach Kompromissen und der Selbstaufgabe zugeordnet, aber auch dem Schmerz über verlorene Liebe und ungelebte Gefühle. Bei Venus-Räucherungen werden weibliche Eigenschaften wie Hingabe, Opferbereitschaft, Erotik, Liebesfähigkeit und Harmoniestreben gefördert.

Geeignete Räucherkräuter sind: Angelika, Augentrost, Benzoe, Iris, Kardamom, Koriander, Malve, Muskat, Myrte, Nelke, Patschuli, Pfefferminze, Rose, Sandelholz, Veilchen

Mars

Mars ist der Gegenspieler der Venus. Er verkörpert das männliche Prinzip, ist kampflustig auf allen Gebieten – auch in der Liebe – und schreckt vor Krieg und Mord nicht zurück. In positiver Ausprägung ist er tapfer, vital und dynamisch und hat einen unerschütterlichen Willen. Sein Weg geht geradeaus und stets nach vorn. Bei Mars-Räucherungen werden die männlichen, aktiven Aspekte der Persönlichkeit angesprochen; ihr Ziel ist die Förderung von Mut, Leidenschaft, Tatendrang und Sexualität.

Geeignete Räucherkräuter sind: Basilikum, Brennnessel, Eichenrinde, Fichte, Hopfen, Ingwer, Kalmus, Labdanum, Opopanax, Pfefferkörner, Pinie, Rosmarin, Wermut, Zedernholz

Jupiter

Der Herr des Himmels, Göttervater Jupiter (Zeus), war kein Kind von Traurigkeit. Seine unbändige Lebenslust und sein unersättlicher sexueller Trieb waren seine besonderen Merkmale. Weder Göttinnen noch Sterbliche waren vor seinen Nachstellungen sicher. Jupiter war keiner Frau treu, doch seinen vielen Kindern stand er meist väterlich bei. Er war großzügig, gütig, gerecht, lebensbejahend und optimistisch. Bei Jupiter-Räucherungen werden diese Eigenschaften Jupiters zutage gefördert. Liebe, Glück, Gesundheit, Frohsinn und Erfolg werden gestärkt. Man fühlt sich reif und fähig, den Sinn in seinem Leben zu erkennen.

Geeignete Räucherkräuter sind: Aloe, Anis, Eiche, Jasmin, Lindenblüte, Lorbeer, Mädesüß, Mastix, Muskat, Nelke, Olive, Rosenblätter, Salbei, Wacholder, Weihrauch, Zeder, Zinnkraut

Uranus

Uranus ist der Schöpfer. Er wurde aus Gäa, der Erde, geboren und erschuf alle Meere, Flüsse, Bäche, Tiere, Pflanzen und Steine. Aber Uranus ist auch der Vater der Titanen, Kyklopen und anderer Ungeheuer. Seine letzte Tochter war Aphrodite, die Göttin der Schönheit und Liebe. Uranus ist ein kreativer, freiheitsliebender Erfinder, ein Genie mit Selbstverantwortung. Bei Uranus-Räucherungen werden alle Kräfte im Menschen angesprochen, die für Aufbruch und Ausbruch, Neuanfang und Freiheitsdrang stehen – den Impuls, alte Denkstrukturen hinter sich und neue Ideen entstehen zu lassen.

Geeignete Räucherkräuter sind: Ehrenpreis, Eiche, Eisenkraut, Faulbaum, Mädesüß, Moschuskörner, Moschuskraut, Myrrhe, Myrte, Pfefferminze, Rosmarin, Salbei, Weihrauch

Saturn

Saturn gehört mythologisch zu den Söhnen des Uranus. Er selbst ist der spätere Vater von Jupiter bzw. Zeus, der das Massaker überlebt, bei dem Saturn alle seine übrigen Kinder verspeist aus Angst, sie würden ihn entmachten. Den Rest kennen wir: Zeus entmachtet ihn und wird Göttervater. Auch als Planet steht Saturn für Zerstörung und Schmerz, doch kann dies auch bedeuten, etwas abzulegen und hinter sich zu lassen, um offen für das Wesentliche zu werden, das Klare und Reine zu finden. Bei Saturn-Räucherungen soll man sich das bisher Unwesentliche bewusst machen, den Mut aufbringen, sich auch Unangenehmes einzugestehen, um dem Neuen, Wesentlichen befreit und gestärkt entgegentreten zu können.

Geeignete Räucherkräuter sind: Alraune, Bilsenkraut, Bockshornklee, Fichte, Kümmel, Mohnblüte, Moschuskörner oder -kraut, Myrrhe, Opopanax, Sandelholz, Wacholder, Weihrauch, Zypresse

Merkur

In Merkur finden wir den Götterboten Hermes, den Vermittler zwischen Himmel und Erde. Ihn zeichnen Fähigkeiten wie Kontaktfreude, Redegewandtheit, Ausdauer, Geschick, aber auch Raffinesse und Oberflächlichkeit aus. Er galt als Gott der Händler und Reisenden, doch auch der Diebe und Betrüger, denn auch das konnte Merkur: die Dinge so zurechtrücken, wie er sie brauchte. Merkur-Räucherungen sind geeignet, um die kommunikativen, beziehungsfördernden Aspekte im Menschen anzusprechen. Sie fördern die Beziehungen zu anderen Menschen, im beruflichen wie privaten Bereich. Die geistigen Kräfte werden geweckt – Reiselust und leichtes Leben sind angesagt.

Geeignete Räucherkräuter sind: Anis, Baldrian, Fenchel, Fichte, Haselnuss, Kamille, Lavendel, Majoran, Mandelbaum, Mastix, Muskat, Styrax, Tolubalsam, Ysop, Zeder

Neptun

Mit Neptun befinden wir uns im Reich der Tiefe, unter Wasser. Neptun ist Poseidon, der Gott des Meeres. Auch er liebt die Verwandlung und die Verwirrung. Sein Verhalten ist wie sein Element: mal ruhig und klar, dann wieder undurchsichtig und aufbrausend. Seinen vielen Geliebten erscheint er in unzähligen Gestalten und lebt seine Triebhaftigkeit mit ihnen aus. Man kann in Neptuns Armen träumen und sich Fantasien hingeben, sich von seinen Wellen davontragen lassen zu anderen Ufern oder in ihnen versinken.

Bei den Neptun-Räucherungen kommen all die träumerischen und fantastischen Züge zum Vorschein, die sonst im Unbewussten und Unterbewusstsein verborgen sind. Doch auch sie sind ein Teil des Menschen. Gibt man sich ihnen hin, kann man den Weg zu einer neuen Ganzheit finden.

Geeignete Räucherkräuter sind: Angelika, Beifuß, Hanf, Jasmin, Kalmuswurzel, Mastix, Mohnblüte, Muskatnuss, Weihrauch, Ysop, Zeder

Pluto

Pluto beherrscht das Dunkle, den Tod. Bei den Griechen war er Hades, der Gott der Unterwelt. Mit ihm verbindet man Strenge, Härte, Unerbittlichkeit, Zerstörung, Schmerzen und Tod – aber auch Wiedergeburt und Neuanfang. Pluto-Räucherungen locken die dunkle Seite im Menschen hervor, das tief Unbewusste, und lassen einen möglichen Tod – das heißt, eine existenzielle Veränderung – zu. Der Tod ist die Voraussetzung für einen Neubeginn.

Geeignete Räucherkräuter sind: Angelika, Eisenkraut, Galbanum, Iris, Kampfer, Labdanum, Mohnblüte, Myrrhe, Pfeffer, Pottasche, Weihrauch, Zeder

Sternzeichenräucherungen

Widder (21. März – 20. April)

Der Widder-Geborene ist dem Element Feuer zugeordnet und wird vom Planeten Mars regiert. Begeisterungsfähigkeit und Einsatzfreude, Mut und Tatendrang zeichnen ihn aus, aber auch Impulsivität, Ungeduld und Arroganz. Abenteuerlust und Heldentum braucht er für seine gute Laune – und einen Partner, der zu ihm hält. Bei Widder-Räucherungen geht es um die Energien des Feuers: Reinigung, Kraft und Imagination. Sie fördern Mut und die Bereitschaft, endlich zu tun, was schon lange notwendig ist.

Geeignete Räucherkräuter sind: Aloe, Angelika, Benzoe, Eisenkraut, Estragon, Galgant, Ingwer, Kiefer, Koriander, Lorbeer, Myrrhe, Weihrauch, Zeder, Zimt

Stier (21. April – 20. Mai)

Der Stier-Geborene untersteht dem Element Erde und wird von der Venus regiert. Er ist Ästhet und gleichzeitig Realist und beurteilt sein Gegenüber nicht, ohne auch die materialistische Seite geprüft zu haben. Der Stier liebt die Beständigkeit und entwickelt auch gern Besitz ergreifende Züge. Aber er ist ein durchaus vertrauenswürdiger und verlässlicher Partner. Stier-Räucherungen unterstützen das Bewusstsein des eigenen Wertes und fördern die Verbindung zum Element Erde, das Stabilität, Urteilsvermögen und die Fähigkeit zu sinnlichen Erfahrungen stärkt.

Geeignete Räucherkräuter sind: Aloe, Benzoe, Dill, Eisenkraut, Iris, Jasmin, Kampfer, Kardamom, Moos, Moschuskörner, Myrrhe, Narde, Rose, Safran, Sandelholz, Tonkabohne, Weihrauch

Zwillinge (21. Mai – 21. Juni)

Der Zwilling-Geborene gehört zum Element Luft und wird von Merkur regiert. Zwillinge vereinen zwei Persönlichkeiten in sich, eine Aufgabe, die ihnen nicht immer leicht fällt und ihrer Umwelt den Umgang mit ihnen erschwert. Ein Zwilling hat einen wachen Geist und entwickelt stets neue Ideen. Kontaktfreude, geistige Beweglichkeit, Humor, Aufgeschlossenheit und Interesse an allem machen Zwillinge zu amüsanten Gesprächspartnern. Doch ihre zweite Seite kann sich schnell in Scharfzüngigkeit und Zynismus, Fahrigkeit und Unkonzentriertheit zeigen. Räucherungen für den Zwilling fördern die Gabe der Kommunikation und den Austausch mit anderen. Sie stärken den Wissensdurst und die Lust am Leben.

Geeignete Räucherkräuter sind: Alant, Anis, Beifuß, Burgunderharz, Eisenkraut, Elemi, Fenchel, Galbanum, Kalmus, Kardamom, Lorbeer, Muskat, Sandelholz

Krebs (22. Juni – 22. Juli)

Krebs ist ein Wasserzeichen und wird vom Mond regiert. Der Krebs ist ein Gefühlsmensch, der zuweilen von seinen Emotionen und Wünschen überrollt wird, was die Sache kompliziert macht. Eine sensible Persönlichkeit verbirgt sich hinter einer harten Schale; die Angst, diese Schale aufzugeben, ist sehr groß. Der Krebs-Geborene flüchtet sich gern in die Vergangenheit. Er hat einen starken Hang zu Häuslichkeit und Sicherheit in der Familie; Mütterlichkeit und Traditionsbewusstsein sind sehr ausgeprägt. Manchmal entwickelt er dominante und herrschsüchtige Züge. Räucherungen für den Krebs-Geborenen fördern Vertrauen zu sich selbst und anderen; sie helfen, die eigenen Gefühle und die Emotionen anderer ernst zu nehmen, und unterstützen Kreativität, Intuition und Sensibilität.

Geeignete Räucherkräuter sind: Ambra, Benzoe, Elemi, Jasmin, Kampfer, Kassia, Kostus, Lavendel, Lorbeer, Mastix, Myrte, Wermut, Ysop, Zeder

Löwe (23. Juli – 23. August)

Der Löwe-Geborene untersteht dem Element Feuer und wird von der Sonne regiert. Entsprechend strahlend, stark und königlich will die Person des Löwe-Geborenen in der Öffentlichkeit erscheinen. Selbstherrlich strebt er nach Höherem und großen Taten, was ihm nicht immer gelingt. Denn im Grunde seines Herzens ist er ein idealistisches Kind, das an die gute Fee glaubt, die das Böse besiegt, und daran, dass es die große Liebe gibt. Er kann großzügig, charmant, liebevoll und gerecht sein, in negativer Ausprägung jedoch arrogant, egozentrisch und rechthaberisch. Räucherungen für den Löwe-Geborenen können helfen, sich mit sich selbst anzufreunden. Man soll lernen, die eigene Persönlichkeit zu akzeptieren, die eigene Stärke zu sehen und ein gesundes Selbstvertrauen zu entwickeln.

Geeignete Räucherkräuter sind: Aloe, Angelika, Benzoe, Galgant, Ingwer, Johanniskraut, Lorbeer, Muskat, Nelke, Safran, Sandelholz, Sonnenblume, Thymian, Weihrauch, Zeder

Jungfrau (24. August – 23. September)

Der Jungfrau-Geborene gehört dem Element Erde an und wird von Merkur regiert. Nüchternheit, Realismus, Analyse- und Kritikfähigkeit und Ordnungssinn zeichnen den Jungfrau-Menschen aus. Doch die Reinlichkeit und Ordnungsliebe bezieht sich nicht immer nur auf das Äußerliche; oft werden auch neue Umstände, andere Menschen und sonstige Gegebenheiten geordnet, damit sie das „jungfräuliche" Weltbild nicht stören. Das kann auch bedeuten, dass das Neue abgelehnt wird. Räucherungen für den Jungfrau-Geborenen können seine besonderen Fähigkeiten stärken und helfen, die eigene Persönlichkeitsentwicklung zu unterstützen. Auch die Bereitschaft, Neues anzunehmen, wird gefördert.

Geeignete Räucherkräuter sind: Beifuß, Benzoe, Fichte, Iris, Lärche, Narde, Nelke, Majoran, Mastix, Opopanax, Tanne, Wacholder, Weihrauch, Zeder

Waage (24. September – 23. Oktober)

Der Waage-Geborene steht unter dem Element Luft und wird von der Venus regiert. Er ist der geborene Diplomat, will er es doch allen recht machen und bei allen beliebt sein. Eine Waage hat Sinn für das Schöne und liebt die Liebe. Allein sein mag sie nicht, daher ist sie gern bereit, Kompromisse einzugehen und mit der eigenen Meinung hinter dem Berg zu halten. Ihr deshalb Oberflächlichkeit und Heuchelei vorzuwerfen, hieße allerdings, sie zu verkennen.

Der Waage-Mensch ist ein Idealist, der immer von der wahren Liebe in einer innigen Beziehung träumt. Doch die spielt sich bei einer Waage mehr im Kopf als im Herzen ab. Waage-Räucherungen verbinden mit dem Selbst und der Liebe zu sich selbst. Das Ziel ist, sich von der Abhängigkeit von anderen zu befreien und ihnen unvoreingenommen zu begegnen.

Geeignete Räucherkräuter sind: Aloe, Benzoe, Eisenkraut, Galbanum, Jasmin, Labdanum, Lavendel, Melisse, Moschus, Myrte, Nelke, Rose, Safran, Sandelholz, Tonkabohne, Zeder, Zimt

Skorpion (24. Oktober – 22. November)

Der Skorpion-Geborene untersteht dem Element Wasser und wird von Pluto regiert. Seinem Regenten entsprechend ist der Skorpion der dunklen Seite des Lebens verbunden. Er ist misstrauisch und kann äußerst zynisch und anderen gegenüber hart und mitleidlos sein, was den Umgang mit ihm manchmal kompliziert macht. An seine eigene sensible, verletzliche Seele lässt er kaum jemanden heran. Er aber kann sehr gut ins Innerste von Menschen sehen und ihre Schwächen erkennen. Sein Lebenssinn ist es, das Tiefe, Unergründliche zu erforschen. Und dieser Aufgabe widmet er sich hartnäckig.

Räucherungen für den Skorpion können seine mystischen Energien wecken und ihm helfen, überflüssigen Ballast abzuwerfen. Seine innere Anspannung kann gelöst werden; er wird insgesamt viel entspannter und freier.

Geeignete Räucherkräuter sind: Angelika, Asant, Basilikum, Fichte, Kiefer, Kostus, Lavendel, Moos, Moschuskörner, Muskat, Narde, Nelke, Rose, Thuja, Vanille, Vetiver, Wermut

Schütze (23. November – 21. Dezember)

Das Element des Schütze-Geborenen ist das Feuer. Er wird von Jupiter regiert. Der Schütze ist ein Forschergeist, der auf seinen vielen Reisen das Neue und Geheimnisvolle sucht und kein Abenteuer auslässt. Er ist zwar etwas unstet, wechselt schnell – sowohl Tätigkeit wie Partner –, kann aber durch seine ausgeprägte Intuition, Beweglichkeit, Neugierde und gute Ideen schnell zum Trendsetter werden. Seine größte Begierde ist es, den Sinn des Lebens zu ergründen.

Räucherungen sollen dem Schützen helfen, die Kräfte und Energien zu aktivieren, die sein Bewusstsein erweitern und ihn zum Sinn seines Lebens und des Daseins überhaupt vordringen lassen.

Geeignete Räucherkräuter sind: Aloe, Angelika, Fichte, Galgant, Jasmin, Kalmus, Kiefer, Koriander, Lavendel, Lorbeer, Opopanax, Salbei, Sandelholz, Wacholder, Weihrauch, Zimt

Steinbock (22. Dezember – 20. Januar)

Der Steinbock-Geborene gehört dem Element Erde an und wird von Saturn regiert. Er ist ein Kämpfer und Arbeitstyp. Ehrgeizig will er sich die Welt erarbeiten und für sich organisieren. Meist gelingt ihm das dank seiner Begabung auch. Dabei gibt er das Heft nicht gern aus der Hand, bleibt stets misstrauisch und gibt sich anderen Menschen gegenüber verschlossen. Es ist schwer, ihn als Partner zu gewinnen; harte Prüfungen sind zu bestehen, ehe er sich jemandem öffnet. Er ist korrekt und sehr ordentlich.

Steinbock-Räucherungen fördern den Willen, eine unabhängige Persönlichkeit zu entwickeln, die nach eigenen Gesetzen leben und handeln kann. Sie helfen auch, loszulassen und sich dennoch der eigenen Stärke bewusst zu sein.

Geeignete Räucherkräuter sind: Beifuß, Benzoe, Fichte, Iris, Jasmin, Kalmus, Lorbeer, Myrrhe, Sandelholz, Tonkabohne, Veilchen, Wacholder, Weihrauch, Wermut, Zeder

Wassermann (21. Januar – 19. Februar)

Der Wassermann-Geborene untersteht dem Element Luft und wird von Uranus regiert.

In ihm steckt ein kleiner Revolutionär – jemand, der lieber heute als morgen die Dinge ändern würde. Seine Gefühle hat er gut unter Kontrolle; jedoch ist er der beste Freund der Welt, auf den man sich hundertprozentig verlassen kann. Räucherungen können ihm helfen, das Bedürfnis nach Freiheit in einer Gedankenreise auszuleben und sich innerlich von festen Strukturen und Belastungen zu lösen. Frei und dennoch ins gesellschaftliche Leben eingebunden zu sein, ist das Ziel.

Geeignete Räucherkräuter sind: Elemi, Eukalyptus, Fichte, Kalmus, Kampfer, Kiefer, Kostus, Melisse, Myrte, Rose, Rosmarin, Salbei, Sandarak, Zeder, Zypresse

Fische (20. Februar – 20. März)

Fische-Geborene gehören dem Element Wasser an und werden von Neptun regiert.

Sie sind die Mystiker unter den Sternzeichen. In der Welt des Transzendenten fühlen sie sich eher zu Hause als im Hier und Jetzt. In der Realität fühlen sie sich nicht wohl, vielmehr überschreiten sie gern die Grenzen von Zeit und Raum und verlieren auch oft das rechte Maß – für sich selbst wie für die Gefühle anderer. Dann winken einige Fettnäpfchen. Doch im nächsten Augenblick lassen sie sich in ihrer mitfühlenden, leicht verträumten Art wieder ausnutzen und nehmen dies gleichgültig hin. In Räucherungen kann der Fische-Mensch seine und auch die Grenzen anderer spüren lernen, sich fallen lassen und in wunderbarer Verschmelzung Kraft finden.

Geeignete Räucherkräuter sind: Benzoe, Eichenmoos, Fenchel, Iris, Jasmin, Lärche, Mastix, Melisse, Moschuskörner, Narde, Salbei, Thuja, Wermut, Zeder

Räuchermischungen für Planeten- und Sternzeichenräucherungen gibt es bei: Isis-Urania, Berk Esoterik

Überblick über die Räucherstoffe nach Wirkungen und Anwendungen

Im Folgenden werden unter anderen Räucherkräuter genannt, die in diesem Buch nicht beschrieben wurden. Das hätte den Rahmen gesprengt. Die Räucherkräuter erhalten Sie jedoch bei den Lieferanten, deren Adressen Sie im Anhang finden.

Die aufgeführten Räucherkräuter stellen Vorschläge dar. Sie können sich daraus Ihre ganz eigene Räuchermischung zusammenstellen.

Symptome	Anwendungsbereiche
Abwehrkräfte stärken	Melisse
Angst	Adlerholz, Anis, Benzoe, Bernstein, Diptam, Galbanum, Goldcopal, Kostus, Lavendel, Moschuskörner, Myrte, Narde, Rose, Safran, Sandelholz, Tonkabohne, Traumkraut, Zimt
Anregung	Rosenholz, Thymian
Anrufungsräucherungen	Kalmus, Kostus, Sternanis, Wacholder, Ysop
Anspannung	siehe Angst

Antibakterielle Wirkung Aphrodisiakum	Rosmarin, Thymian, Weihrauch Iriswurzel, Kassia, Pfeffer, Sandelholz
Appetitanregung	Kardamom
Atemnot, Asthma	Aloe, Eukalyptus, Galbanum, Labdanum, Weihrauch
Atemwegserkrankungen	Alant, Diptam, Sandarak, Sternanis, Tolu
Beruhigung	Narde
Besinnungsräucherungen	Copa, Jambulrinde, Kalmus, Kostus
Bewusstsein klären und beleben	Kampfer
Bewusstseinserweiterung	Hanf, Narde
Beziehungsprobleme (Umwelt, Partner)	Lavendel
Blähungen	Kardamom, Koriander
Blasenentzündung	Myrrhe, Opopanax, Perubalsam
Böse Geister, Abwehr	Benzoe, Narde, Rhododendron, Sage, Wacholder, Weihrauch
Bronchialerkrankungen	Alant, Benzoe, Copaivabalsam,

(Bronchialerkrankungen)	Eukalyptus, Galbanum, Kassia, Myrrhe, Sandarak, Weihrauch
Chakrenräucherungen	Aloeholz, Angelikawurzel, Basilikum Benzoe, Copaivabalsam, Dammar, Eichenmoos, Elemi, Immortelle, Jasmin, Kamille, Kampfer, Mastix, Melisse, Myrrhe, Myrte, Narde, Nelke, Patschuli, Perubalsam, Pfefferminze, Rosenholz, Rosmarin, Sandelholz, Vetiver, Wacholder, Weihrauch, Zistrose
Darmerkrankungen	Aloe, Boldo, Myrrhe, Weihrauch
Depressionen	Alant, Benzoe Siam, Benzoe Sumatra, Dammar, Iriswurzel, Johanniskraut, Koriander
Desinfektion (Räucherung von Krankenzimmern)	Lavendel, Salbei
Durchfall	Aloeholz, Drachenblut, Kassia
Einweihungszeremonie (Wohnung, Haus usw.)	Angelikawurzel, Immortelle
Energien verstärken	Angelikawurzel, Beifuß, Dammar, Eisenkraut, Kardamom, Muskatnuss, Nelke, Rosmarin, Weihrauch

Entspannung	Asant, Benzoe, Galbanum, Goldcopal, Kostus, Lavendel, Moschuskörner, Myrte, Narde, Rose, Safran, Sandelholz, Tolu, Traumkraut, Zimt
Entzündungen	Weihrauch
Erdung (Bezug zur Erde wiederherstellen)	Angelikawurzel, Benzoe, Guggul, Labdanum, Myrrhe, Opopanax, Patschuli, Sandelholz, Zeder
Erfolglosigkeit	Benzoe Sumatra, Eichenrinde, Eisenkraut, Iriswurzel, Kalmus, Kassia, Melisse, Myrrhe, Pottasche, Sandelholz, Süßgras, Weihrauch, Zeder, Zimt
Erkältungskrankheiten	Perubalsam, Süßgras, Tanne, Tolu, Yerba Santa, Weihrauch
Erschöpfungszustände	Drachenblut, Galgant, Himalaja-Rhododendron, Ingwerlilie, Kalmus, Kampfer, Kiefer, Sage, Tanne, Wacholder, Zeder
Existenzängste	siehe Erfolglosigkeit
Fieber	Süßgras
Gallenstörungen	Boldo

Gebärmuttererkrankungen	Galbanum, Opopanax, Sage
Gebetsräucherung	siehe Meditationsräucherung
Geist klären	Copal, Dammar, Elemi, Lavendel, Lorbeer, Mastix, Muskatnuss, Pfeffer, Pfefferminze, Weihrauch, Zeder
Geisteraustreibung	Sage
Geisteskrankheiten, Vorbeugung	Eukalyptus
Geldmangel, -sorgen	siehe Erfolglosigkeit; außerdem Eisenkraut, Nelke, Zeder
Gelenkschmerzen und -entzündungen	Yerba Santa, Weihrauch
Geschwüre	Elemi, Myrrhe, Perubalsam
Gicht	Boldo, Weihrauch
Gleichgewicht wiederherstellen	Safran, Salbei
Glücklosigkeit	siehe Erfolglosigkeit; außerdem Dammar, Muskatnuss
Haarausfall	Labdanum

Halsentzündung	Tanne
Harmonieräucherungen	Alant, Dammar, Iriswurzel, Lavendel, Myrrhe, Patschuli, Zimtrinde
Hauterkrankungen	Benzoe, Labdanum, Myrrhe, Weihrauch
Herzerkrankungen	Kiefer
Heilungsräucherungen (nicht krankheits-spezifisch)	Benzoe, Dammar, Iriswurzel, Lavendel, Kamille, Myrrhe, Sage, Salbei, Weihrauch, Yerba Santa, Zimtrinde
Husten	Galbanum, Kassia, Myrrhe
Initiationsräucherungen	Copal blanco
Insektenbekämpfung	Kassia, Nelke, Patschuli, Weihrauch, Zeder
Konfliktbewältigung	Mastix, Sage, Salbei, Sandarak, Thymian, Weihrauch
Konzentrationsförderung	Angelikawurzel, Burgunderharz, Copal blanco, Dammar, Eukalyptus, Lorbeer, Myrte, Rosmarin, Weihrauch
Kopfschmerzen	Kassia, Rose

Krämpfe	Asant, Boldo, Galbanum
Kraftlosigkeit	siehe Erschöpfungszustände; außerdem Fichte, Kampfer, Kiefer, Narde, Pinie
Kreativität fördern, besonders bei künstlerischen Betätigungen	Benzoe, Hopfendrüsen, Labdanum, Tolu, Tonka, Traumkraut, Sternanis, Weihrauch, Zimtblüte
Krebs vorbeugen	Myrrhe, Weihrauch
Lebenskraft stärken	siehe Energien verstärken
Leberleiden	Boldo, Weihrauch
Liebesräucherungen	Benzoe Sumatra, Boldo, Dammar, Drachenblut, Iriswurzel, Jambulrinde, Jasmin, Nelke, Patschuli, Pfeffer, Rose, Sandelholz, Tonkabohne
Loslassen können	Benzoe Siam und Sumatra, Gummi arabicum, Iriswurzel, Myrrhe, Opopanax, Patschuli, Rose, Safran, Süßgras, Zedernholz, Zimtrinde
Lungenerkrankungen	Yerba Santa
Magenbeschwerden	Aloe, Kardamom, Myrrhe, Sternanis, Weihrauch

Meditationsräucherungen	Angelikawurzel, Balsam, Benzoe, Sumatra, Dammar, Elemi, Gold-Copal, Guggul, Johanniskraut, Kampfer, Mastix, Myrrhe, Myrte, Opopanax, Safran, Sage, Sandarak, Sternanis, Weihrauch, Zedernholz und -spitzen
Menstruationsbeschwerden	Galbanum, Labdanum, Weihrauch
Mutlosigkeit	siehe Erschöpfungszustände; außerdem Fichte, Kiefer, Pinie, Wacholder, Zeder
Negative Einflüsse von außen vertreiben	Eisenkraut, Lorbeer, Patschuli, Rhododendron, Zimtrinde
Negative Gedanken vertreiben	Eisenkraut, Lorbeer, Muskatnuss, Zimtrinde
Nervenstörungen	Asant
Nervosität	siehe Angst; außerdem Pfefferminze
Nierenerkrankungen	Perubalsam
Opferräucherungen	Jambulrinde
Positive Energien fördern	Süßgras
Potenzstörungen	Beifuß, Kassia

Rachenentzündungen	Gummi arabicum
Reinigungsräucherungen, atmosphärisch (Wohnung, Haus, Gegenstände)	Asant, Basilikum, Bernstein, Dammar, Drachenblut, Eukalyptus, Fichte, Kalmus, Kampfer, Kiefer, Lorbeer, Myrrhe, Myrte, Pfefferminze, Pinie, Rosmarin, Sage, Salbei, Tanne, Thuja, Wacholder, Weihrauch, Yerba Santa
Reinigungsräucherungen (Geist, Gedanken, Bewusstsein)	Eisenkraut, Süßgras, Wacholder, Weihrauch, Ysop
Rheuma	Aloeholz, Boldo, Fichte, Kassia, Süßgras, Weihrauch
Schlaflosigkeit, -störungen	siehe Angst; außerdem Benzoe, Eisenkraut
Schmerzen	Galbanum, Labdanum
Schutzräucherungen	Angelikawurzel, Basilikum, Beifuß, Bernstein, Dammar, Drachenblut, Myrrhe, Sandelholz, Verbena, Wacholder, Wermut
Schweißabsonderung	Drachenblut
Schwitzhüttenräucherung	Copal negro, Copal oro, Sage,Süßgras, Wacholder (Spitzen, Holz, Beeren), Weihrauch, Yerba Santa, Zedernholz

Seelische Störungen, Blockaden	Benzoe, Boldo, Iriswurzel, Patschuli, siehe auch Chakrenräucherungen
Seelische Verletzungen	Benzoe Sumatra, Eichenmoos, Perubalsam, Rosenholz, Süßgras, Tolu, Tonkabohne, Zimtrinde
Segnungsräucherungen	Copal, Weihrauch, Zypresse
Sexualtrieb, Dämpfung	Kampfer
Sexuelle Stimulierung	Beifuß, Benzoe, Kassia, Sandelholz
Sinnliche Atmosphäre herstellen	Copal, Guggul, Iriswurzel, Patschuli, Perubalsam, Sandarak, Sandelholz, Tonka
Soor (Mund)	Myrrhe
Spirituelle Fähigkeiten fördern	Lorbeer
Stimmungsaufhellung	Lärche, Tonkabohne
Stress	siehe Angst; außerdem Boldo
Trauer	Alant, Benzoe, Kamille, Myrrhe, Rosenholz, Süßgras, Tonkabohne, Weihrauch, Zedernholz, Zimtrinde

Traumräucherungen	Beifuß, Copal blanco, Dammar, Elemi, Hopfendrüsen, Kalmus, Labdanum, Lorbeer, Mastix, Myrrhe, Opopanax, Süßgras, Traumkraut, Wahrsagesalbei, Zimtrinde
Unruhe, innere	Boldo, Lavendel
Unsicherheit	siehe Angst; außerdem Patschuli, Rosenholz
Verdauungsstörungen	Boldo
Visionssuche	Angelikawurzel, Mastix, Nelke, Sage, Sandelholz, Süßgras, Traumkraut, Wacholder, Wahrsagesalbei, Weihrauch
Wachträume erzeugen	Eisenkraut
Wahrsageräucherungen (Orakelräucherungen)	Copal, Elemi, Lorbeer, Muskatnuss, Sternanis, Süßgras, Wacholder
Warzen	Weihrauch
Würmer	Boldo
Wundheilung	Aloe, Drachenblut, Myrrhe, Perubalsam, Weihrauch
Zahnfleischentzündung	Gummi arabicum, Myrrhe

Bezugsadressen

Berk Esoterik
Schützenstr. 49, D-78315 Radolfzell
Tel. 0 77 32/40 88, Fax 0 77 32/40 90

farfalla
Florastr. 18a, CH-8610 Uster
Tel. 01/9 05 99 00, Fax 01/9 05 99 09

Isis-Urania
Wieckhorster Dorfstr. 7, D-29640 Schneverdingen
Tel. 0 51 93/5 26 26, Fax 0 51 93/5 26 27

La Florina
Auf der Tannenhöhe, D-35327 Ulrichstein
Tel. 0 66 45/91 93 25, Fax 0 66 45/91 93 26

Prana (Tibetische Naturprodukte), Christian Bräter
Postfach 10 43 64, D-69033 Heidelberg
Tel. 0 62 23/80 95 01, Fax 0 62 23/80 95 03

Secret Emotion Kosmetik
Ottenser Hauptstr. 44, D-22765 Hamburg
(Bestellung nur schriftlich möglich)

Fred Wollner
Braker Weg 48, D-32657 Lemgo
Tel. 0 52 61/97 06 46, Fax 0 52 61/97 06 48

Shoyeido, Cornelia Schütt (japanische Zutaten und Utensilien)
Hohenzollernring 26, D-22763 Hamburg
Tel. 0 40/39 76 49, Fax 0 40/39 78 81

Register

Ägypten *39–47*
Alant *37*
Aloe *58*
Arabien *39–47*
Aromahölzer *80*
Asant *98*
Ayurveda *91*
Azteken *63–71*

Beifuß *37*
Benzoe *92*
Boldo *67*
Buddha Meditation *101*
Burgunderharz *35*

Ceylonzimt *92*
Chakrenräucherung *96*
China *73–87*
Copal *66*

Dammar *93*
Di Zhim *100*
Diptam *50*
Dolma *103*
Drachenblut *93*

Eisenkraut *37*
Elemi *94*

Fächer *18*
Fichte *30*
Fische *115*

Galbanum *44*
Galgant *97*
Gepresstes Räucherwerk *84*
Griechen *49–53*
Guggul *94*

Heiliges Land *55–61*

Indianer *63–71*
Indianische Schwitzhütten-Zeremonie *69*
Indien *89–103*
Ingwerlilie *97*
Inkas *63–71*

Japan *73–87*
Japanische Körperduftpulver *81*
Jinkoh *78*
Jungfrau *112*
Jupiter *107*

Kamille *50*
Kardamom *99*
Kassia *51*
Keltische Räucherbräuche *25–29*
Kiefer *32*
Kostus *51, 98*
Krebs *111*

Labdanum *51*
Lärche *32*
Lavendel *52*
Libanonzeder *43*
Lorbeer *53*
Lotus *101*
Löwe *111*

Mandala Heilung *102*
Mars *106*
Mastix *53*
Mayas *63–71*
Meditationsräucherungen *100, 101*
Merkur *108*
Mesopotamien *39–47*
Mond *106*
Moschus *46*
Muskatnuss *99*
Myrrhe *47*

Narde *60*
Neptun *109*
Nerikoh *81*
Nirvana *102*

Olibanum *58*
Opopanax *42*

Papier *18*
Patschuli *95*
Perubalsam *70*
Planetenräucherungen *105–115*
Pluto *109*

Räucherbrecher *79*
Räuchergefäß *17*
Räucherkegel *84*
Räucherkohle *16*
Räucherritual *21*
Räucherstäbchen *83*
Räucherstoffe *14, 116–126*
Römer *49–53*
Rose *45*

Sachets *81*
Sage *64*
Sand *17*
Sandelholz *44*
Sanshu-koh *85–87*
Saturn *108*
Schütze *114*
Shokoh *81*
Skorpion *113*
Sonne *105*
Steinbock *114*
Sternzeichenräucherungen *105–115*
Stier *110*
Süße Myrrhe *42*
Süßgras *66*

Tanne *32*
Tibet *89–103*
Tolu *68*
Tonkabohne *68*
Traumkraut *70*

Uranus *107*

Venus *106*
Vetiver *95*

Waage *112*
Wacholder *35*
Wahrsagesalbei *71*
Wassermann *115*
Weihrauch *46*
Widder *110*

Yerba Santa *64*

Zimtrinde *61*
Zwillinge *110*